(pour St Esteben)

Yf 10419

SCÈNES

DE

LA SAINT-BARTHÉLEMY.

I

IMPRIMERIE DE H. FOURNIER,
RUE DE SEINE, N. 14.

LA MORT

DE COLIGNY,

OU

LA NUIT

DE SAINT-BARTHÉLEMY

1572.

Scènes historiques.

PARIS,

H. FOURNIER JEUNE, LIBRAIRE,

RUE DE SEINE, N° 14.

M DCCC XXX.

SCÈNE I.

PERSONNAGES.

VILLIERS DE CHAILLY, maître-d'hôtel du roi et surintendant des affaires du duc de Guise.

BONDOL, archer à cheval de la garde du roi.

MARGUERITE, gouvernante du chanoine Pierre Piles de Villemur, ancien précepteur du duc Henri de Guise.

SIMON, ancien soldat.

JEAN, sacristain de l'église Saint-Germain-l'Auxerrois.

Un jeune laquais.

LA MORT
DE L'AMIRAL DE COLIGNY.

SCÈNE I.

JEUDI 21 AOUT 1572. 8 HEURES DU SOIR.

Maison du chanoine Villemur, rue des Fossés-Saint-Germain-l'Auxerrois. Une salle, au rez-de-chaussée ; au milieu, une table carrée soutenue par des tréteaux. Une lampe éclaire faiblement la pièce. Marguerite file. Simon, les coudes appuyés sur la table, est assis vis-à-vis d'elle.

MARGUERITE.

C'ÉTAIT à la fin de l'année 1557.

SIMON.

Vous voulez dire à la fin de 1556, dame Marguerite.

MARGUERITE.

Non, non, M. Simon, je ne me trompe pas.

SIMON.

Mais ça n'est pas possible ; il était alors en
Italie.

MARGUERITE.

Je puis vous assurer qu'il était alors à Paris. Le
roi Henri II venait de le rappeler et de le nommer
lieutenant-général du royaume.

SIMON, après avoir réfléchi.

Ah ! j'y suis maintenant ; vous avez raison : le
duc rentra en France quelque temps après la bataille de Saint-Quentin, c'est-à-dire, après le 10
août 1557..... Oui, oui ; vous avez raison.

MARGUERITE.

Je vous disais donc que mon maître eut l'honneur de lui être présenté à la fin de cette année,
en novembre. Je n'oublierai jamais cette date.....
C'était le jour de Saint-Saturnin ; je revenais de
l'office du soir, lorsque je vois rentrer M. de Villemur tout essoufflé. J'allais lui demander ce qu'il
lui était arrivé quand il me dit : « Marguerite, ma
« soutane neuve, vite ! ma soutane neuve ; il faut
« que je sorte à l'instant ; M. de Chailly doit me
« présenter au duc de Guise qui cherche un pré-
« cepteur pour son fils. »—Ah ! mon Dieu ! ah ! mon
Dieu ! mon cher maître ;..... et je ne bougeais pas,
tant j'étais saisie. — « Hé bien ! Marguerite, que
« faites-vous là plantée devant moi ? Dépêchez-

« vous donc..... » — Ah! Monsieur! sainte Vierge! quelle nouvelle !..... Et je courus chercher les plus beaux habits de mon maître. Ils n'avaient rien de trop brillant; car le cher homme était alors simple prêtre de l'église Saint - Merri. Il fut accepté... Bonté divine! quel changement! un pauvre prêtre devenir précepteur de Henri de Guise avec deux mille écus par an et l'assurance d'un canonicat après l'éducation du prince. Je n'en dormis pas de la nuit.

Depuis ce jour, je n'ai cessé de prier pour le grand duc de Guise, et cependant..... cependant.... (*Essuyant une larme.*) ..... le saint martyr est aujourd'hui dans le ciel.

SIMON.

Ah! quel souvenir vous rappelez là! quelle blessure pour notre sainte religion! Elle n'en guérira jamais... Vous ai-je dit, dame Marguerite, que j'étais dans la première compagnie des gens d'armes de François de Guise, lorsqu'il fut assassiné devant Orléans?

MARGUERITE.

Oui, M. Simon, plusieurs fois.

SIMON.

C'était le 18 février 1563. Après le coucher du soleil, le duc, accompagné de M. de Rostaing, revenait à son logis, quand l'infame, le scélérat, l'hérétique Poltrot lui tira un coup de pistolet par derrière. Ah! quelle désolation dans l'armée à cette nouvelle! Elle fut si grande qu'on oublia que les assiégés étaient aux abois, et ces gredins en furent quittes pour la peur. Six jours après, ce grand prince mourut et le siège fut levé.

MARGUERITE.

Hélas! bon Dieu! quelle mort sainte et chrétienne!

SIMON, continuant.

La reine-mère s'était rendue au camp pour assister aux derniers momens de notre général; mais ses grimaces ne trompèrent personne. Nous savions tous qu'elle ne lui voulait pas de bien. On la regarda de travers, on murmura.

MARGUERITE.

J'ai entendu souvent répéter au chanoine qu'elle avait dit quelque temps après : « Ceux de « Guise se voulaient faire rois, mais je les en ai « bien gardés devant Orléans. » Que Dieu lui pardonne!

SIMON, frappant du poing sur la table.

Que Dieu la damne jusqu'à la fin des siècles! Elle a mieux fait; elle a prouvé qu'elle s'entendait avec les huguenots, et ça n'a pas été long encore... Un mois; oui, pas plus d'un mois après

l'assassinat du chef des catholiques, elle traita
avec ses assassins et rétablit l'hérésie (1).

MARGUERITE.

Et elle vendit les biens du clergé pour payer
les frais de la guerre. Quelle impiété !

SIMON.

Par la sainte messe ! cette femme a vendu son
ame au diable.

MARGUERITE, faisant le signe de la croix.

Jesus, Maria! que dites-vous là, M. Simon?

SIMON.

Ce qui est connu de tout le monde. Ne savez-
vous pas qu'elle a dans son palais une nichée de
devins, de magiciens, de sorciers et autres
suppôts de l'enfer; qu'elle s'enferme avec eux
la nuit pour lire le grimoire, faire des conjura-
tions et semblables diableries qui prouvent qu'elle

---

(1) 19 mars 1563, Édit d'Amboise. Une amnistie générale fut accordée. Les frais de la guerre durent être à la
charge de l'État et le culte protestant obtint encore plus de
liberté qu'on ne lui en avait accordé par l'édit de janvier de
l'année précédente. Afin de subvenir aux dépenses immenses
qu'occasionait l'exécution du traité, on vendit plus de trois
millions de biens du clergé catholique; aliénation dont on ne
se souvenait pas d'avoir vu d'exemple et qui excita de grands
murmures. (*Mémoires sur l'Histoire de France.*)

a fait un pacte avec Satan contre notre sainte
Église.

MARGUERITE.

Avez-vous entendu raconter qu'à sa naissance,
son père consulta un astrologue qui répondit que
cette enfant deviendrait une puissante reine, mais
qu'elle serait la ruine de sa famille et celle du
pays qu'elle gouvernerait (1).

SIMON.

Oui, oui; et cet astrologue conseilla de l'é-
touffer. Par la sainte croix! il donnait là un bon
conseil. Pourquoi ne l'a-t-on pas écouté ce brave
homme?

MARGUERITE.

Ah! M. Simon, c'est pécher que de désirer la
mort du prochain.

SIMON.

Non pas, non pas, dame Marguerite, quand
cette mort doit délivrer l'Église d'un ennemi. Ce
que je vous dis là on l'a prêché plus de cent fois.
Si on eût étouffé cette Jézabel, quel fléau
on eût épargné à notre sainte religion. Voyez
ce qu'elle a fait depuis neuf ans! nous battions
partout les hérétiques. Hé bien! quand il ne

____

(1) *Mémoires de l'Estat de France sous Charles IX.*

restait plus qu'à leur donner le coup de grace,
elle leur tendait la main. Ce qu'elle avait fait à
Amboise, après la mort du grand duc de Guise,
plus tard elle l'a fait à Longjumeau (1), et il y
a deux ans à Saint-Germain........ à Saint-Germain....... Quelle horreur! elle nous a livrés pieds
et poings liés aux huguenots. Sainte mère de
Dieu! quelle infamie! permettre les assemblées de
ces chiens d'hérétiques dans toute la France, leur
rendre leurs biens, leurs emplois, leur laisser
leurs places fortes..........

Qu'aurait fait de plus, je vous le demande,
Satan lui-même?

MARGUERITE.

Jésus! mon Dieu! cet édit de Saint-Germain
est un grand sujet de deuil pour les fidèles (2). Il
a fait bien du mal à mon pauvre maître. Le cher
homme en a été malade.

---

(1) 23 mars 1568, Édit de Longjumeau. Il confirma l'Édit
de 1563 dans toute son étendue. Il révoqua et annula toutes
exceptions, restrictions et interprétations, mais avec cette
clause : Jusqu'à ce que, par la miséricorde de Dieu, tous les
Français soient réunis dans la profession de la même religion.
                                              (DE THOU.)

(2) Le 8 août 1570, Édit de Saint-Germain. Les protestans qui obtinrent des avantages sur lesquels ils n'auraient

SIMON.

Il y avait bien de quoi. Depuis ce temps tout a
été de mal en pis. Chaque jour, nouvelle conces-
sion aux hérétiques. La croix de Gastines leur
déplaisait, vite, on l'a fait enlever.

MARGUERITE.

Un monument élevé par la piété. Hélas! le dernier qui fût encore debout..... Il était là pour
dire que la foi n'était pas tout-à-fait éteinte.....
Et on a pu trouver des mains catholiques pour
consommer une pareille iniquité! quel scandale!

SIMON.

Morbleu! on en a aussi trouvé pour pendre
Legros. J'étais avec ce pauvre garçon et avec tous
les zélés dans la rue Saint-Denis, quand le maréchal de Montmorency, que Dieu le damne, nous
chargea et nous dispersa au nom du roi. Ce fut là
qu'on arrêta Legros. Vous savez le reste.....

---

jamais osé compter, et qui n'aperçurent pas ce que tant de
complaisance avait de suspect, parurent disposés à exécuter
sincèrement le traité. « Je désirerais, disait Coligny, plus tôt
« mourir que de retomber en ces confusions, et voir com—
« mettre devant mes yeux tant de maux. »

Les catholiques, humiliés d'un arrangement qui consolidait
un parti dont ils avaient espéré la ruine entière, ne cachèrent
pas leurs murmures. (*Mémoires sur l'Histoire de France.*)

MARGUERITE.

Que Dieu fasse miséricorde au maréchal! Son saint homme de père n'aurait pas fait ça.

SIMON.

Lui, le connétable! oh! non, certes il n'aurait pas fait ça. Il se serait plutôt mis à notre tête pour étriller encore ces coquins de huguenots, et tous les renégats qui étaient avec eux. Aussi à cette heure il doit être fort à son aise en paradis, où il est payé suivant ses œuvres (1).

MARGUERITE.

Le lendemain, qui était, je crois, le 10 dé-

---

(1) Le connétable Anne de Montmorency persécuta cruellement les protestans. Son ardeur fanatique lui valut le surnom de capitaine Brûle-Bancs pour avoir dispersé en personne les prêches qui se tenaient à Popincourt et brûlé la chaire du ministre.

Tous les matins, dit Brantôme, il ne faillait de dire et entretenir ses patenostres, parmi lesquelles on répétait qu'il se fallait garder des patenostres de M. le connestable; car, en les marmottant, il disait : « Allez-moy pendre un tel; atta-« chez celuy-là à un arbre; faites passer celuy-là par les « picques tout à l'heure ou les arquebusez tous devant moy. « Taillez-moy en pièces tous ces marauts; brûlez-moy ce « village; boutez-moy le feu partout à un quart de lieue à « la ronde. » Et ainsi tels ou semblables mots de justice et police de guerre proférait-il, selon les occurrences, sans se desbaucher nullement de ses *pater*.

cembre, le révérend père Girard prêcha dans notre église sur cette impiété. *Jesus Maria!* quel homme! comme il parla! c'étaient des cris, des pleurs dans tout l'auditoire! il eut grand'peine à finir son sermon.

SIMON

J'étais ce jour-là à l'église Saint-Eustache. Je n'ai pas entendu le père Girard; mais, par ma foi, il n'est pas possible de mieux prêcher que le père Tanquerel. Imaginez-vous qu'il n'en était pas à la moitié de son sermon, que déjà nous nous précipitions en foule hors de l'église, et que nous courions rue Saint-Denis. Je vous assure que cette fois-là, du moins, les huguenots virent beau jeu. Le pauvre Legros fut bien vengé.

MARGUERITE.

Quand on est enfoncé aussi avant dans les voies de l'iniquité, il est bien difficile de revenir dans le bon chemin. Malgré les plaintes et la douleur des fidèles, la croix de Gastines fut enlevée (1).

------

(1) En 1568, Philippe Gastines, riche marchand, accusé de tenir chez lui des assemblées nocturnes et d'y avoir célébré la cène, fut pendu, ainsi que son frère et son beau-frère, Richard Gastines et Nicolas Croquet. La maison de Gastines, située entre les numéros 75 et 77 de la rue Saint-Denis, fut

SIMON.

La reine-mère voulait nous préparer à ce que
nous avons vu depuis : les principaux hérétiques
à la cour, chargés d'honneurs, gorgés d'argent;
Coligny plus maître que le roi dans son royaume;
les catholiques méprisés, foulés aux pieds; les
Guise écartés, et, pour couronner l'œuvre, le mariage de la sœur du roi avec le loup de Béarn.

MARGUERITE.

Quelle abomination ! et un prêtre, un cardinal
a pu bénir une pareille union (1)!..... Dans quel
temps vivons-nous, bon Dieu !

---

rasée; on vendit le terrain, et le produit de la vente fut em-
ployé à l'érection d'une pyramide en forme de croix sur laquelle on grava les motifs de la condamnation.

L'Édit de Saint-Germain portant que les jugemens pour
cause de religion seraient regardés comme non avenus, les
parens de Gastines demandèrent qu'on réhabilitât sa mémoire,
et que la pyramide fût abattue. Charles IX trouva la demande juste. Mais les fauteurs de troubles représentèrent
qu'on regarderait dans le peuple cette action comme un attentat scandaleux. Il fut donc résolu qu'on ne démolirait pas
la pyramide, mais qu'on l'enlèverait pendant la nuit; et
qu'on la transporterait au cimetière des Innocens. Cette
translation excita une sédition que l'énergie du maréchal de
Montmorency étouffa dans sa naissance.   (DE THOU.)

(1) Le mardi 18 août 1572, fut célébré le mariage du

SIMON.

Le cardinal de Bourbon est bien sûr de voir un jour le diable face à face. Et certes ce n'est pas moi qui le plaindrai; car ce qu'il a fait mardi dernier..... (On frappe à la porte.)

(Marguerite prend la lampe, se lève, et va ouvrir.)

MARGUERITE.

Ah! c'est vous, M. Jean.

JEAN, entrant.

Bonsoir, dame Marguerite. Bonsoir, M. Simon.

SIMON.

Serviteur, M. Jean.

JEAN, s'asseyant.

Hé bien ! encore du bruit à Saint-Merri.

SIMON.

Tant mieux.

MARGUERITE.

Ah! contez-nous ça vite.

---

roi de Navarre et de Marguerite de Valois. Le roi, la reine-mère, les ducs d'Anjou et d'Alençon conduisirent la princesse à l'église Notre-Dame. Le roi de Navarre était accompagné des princes de Condé et de Conti, de l'amiral de Coligny et des principaux protestans. Le cardinal de Bourbon donna la bénédiction nuptiale aux futurs époux. Après la cérémonie, toute la cour se rendit à l'évêché où le banquet royal était préparé. Les trois jours suivans se passèrent en fêtes brillantes. (DE THOU.)

JEAN, à Marguerite.

Vous connaissez le révérend père Désiré?

MARGUERITE.

Celui qui fut arrêté, lorsqu'il se rendait auprès
du roi d'Espagne pour lui présenter une requête
des catholiques de France.

JEAN.

Lui-même.

MARGUERITE.

Si je le connais, le saint homme!

SIMON.

On en dit beaucoup de bien; il passe pour un
digne prêtre.

JEAN.

Hé bien! le révérend père Désiré a prêché tan-
tôt à Saint-Merri. Il a pris le même texte que le
père Fournier dans ce sermon contre les huguenots, qui fit tant de bruit il y a quelques années;
vous devez vous en souvenir, dame Marguerite?

MARGUERITE.

C'était sur l'entrée de Jésus à Jérusalem.

JEAN.

C'est ça. Après avoir traité le roi et la reine-
mère comme ils le méritent, il allait s'occuper des
hérétiques; et, pour arriver à eux, il répétait ces
paroles du père Fournier : « Allez en ce château
« qui est contre nous. Et, peuple, sais-tu qui est

« ce château? C'est ce château qui vous jettera hors
« de vos maisons. »

Tout à coup on voit entrer le sieur de Féron,
chevalier du guet, à la tête d'un grand nombre
d'archers. Il va droit à la chaire du prédicateur,
et lui ordonne, de par le roi, d'interrompre son
sermon.

MARGUERITE.

Sainte mère de Jésus! troubler ainsi les fidèles!
profaner la maison du Seigneur!

SIMON.

Et que firent les catholiques? J'espère, morbleu! qu'ils balayèrent cette canaille.

JEAN.

Non. Les archers restèrent maîtres de la place.
Le révérend père Désiré fut obligé de descendre
de sa chaire. Mais vous pensez bien que ce ne fut
pas sans beaucoup de résistance de sa part, et
sans de grands cris de la part des assistans.

SIMON.

On voit bien qu'il n'y avait pas là quelques-uns
de nos zélés..... Comme ils vous auraient chauffé
tout ça!..... Ah! je vous assure que le sieur de
Féron aurait été bien heureux de sortir de l'église
avec sa peau entière sur les épaules.

JEAN.

On disait ce soir que le roi s'est plaint au parlement, et qu'on informe contre les prédicateurs qui ont prêché séditieusement et notamment contre le père Désiré.

MARGUERITE.

Jesus, Maria! empêcher la parole de Dieu d'arriver aux oreilles des fidèles.

SIMON.

Patience, avant peu, vous en verrez bien d'autres. Aujourd'hui, on chasse, on emprisonne nos prêtres; demain, on fermera nos églises; et plus tard on y établira des prêches.

JEAN.

Déjà on souffre que les huguenots tiennent dans Paris des assemblées nocturnes.

SIMON.

Et savez-vous ce qu'il s'y passe?

JEAN.

On en dit des choses épouvantables.

SIMON.

On n'exagère pas..... Je tiens de bonne source que ces païens se rassemblent chaque nuit dans des caves. Là, après avoir éteint les lumières, ils se livrent à la débauche et font des horreurs que je ne puis vous répéter, mais qui font dresser les cheveux sur la tête. Ensuite, ils tournent en dérision nos saintes cérémonies; ils profanent nos rites sacrés. Par exemple : aux dernières fêtes de

Pâques, au lieu de l'agneau pascal, ils ont tué et mangé un cochon de lait.

JEAN.

Quelle horreur!

MARGUERITE.

Quelle abomination!

SIMON.

Ce n'est pas tout: à des époques fixes, ils égorgent des enfans.

MARGUERITE.

Jésus, mon Dieu! ayez pitié de nous.

JEAN.

Comment tout çà finira-t-il?

SIMON.

N'en doutez pas; par le meurtre de tous les zélés catholiques et par la ruine de notre sainte religion. Voici ce qu'on a découvert: ils doivent d'abord faire sauter la poudrière de l'Arsenal, comme en 1563 (1); puis, mettre le feu aux quatre coins de la ville; après, nous tuer tous et piller nos biens; enfin, quand il n'y aura plus dans Paris

---

(1) Le 28 janvier 1563, le feu prit à vingt milliers de poudre qui se trouvaient dans les bâtimens de l'arsenal. On ne put jamais découvrir les auteurs ou les causes de cet accident. Les catholiques ne manquèrent pas de l'attribuer aux protestans.

que pierre sur pierre, ils en sortiront chargés de
nos dépouilles.

MARGUERITE.

Grand Dieu! vous me faites frémir.

SIMON.

Ah! si nous avions notre grand duc de Guise,
nous pourrions encore nous rappeler Vassy (1),
et alors ces maudits scélérats.....

(On frappe plusieurs coups à la porte.)

MARGUERITE, se levant.

On y va! on y va! un instant donc..... qui peut
frapper si fort? M. de Villemur ne peut être de
retour..... (Tenant la porte entre-baillée.) Que voulez-vous,
messieurs?

CHAILLY, dehors.

Comment! Marguerite, vous ne reconnaissez
pas M. de Chailly?

---

(1) Le duc François de Guise avait quitté Joinville pour
se rendre à l'invitation d'Antoine de Bourbon, roi de Navarre,
et du connétable. S'étant arrêté à Vassy, le 1ᵉʳ mars 1562,
ses gens prirent dispute avec des protestans qui allaient au
prêche : on se battit avec fureur. Le duc parut pour rétablir
le calme, il fut blessé; et ses gens, voyant couler son sang,
massacrèrent inhumainement leurs adversaires. Les premières causes de cet événement qui fut le signal d'une guerre
déjà allumée sur plusieurs points de la France, n'ont jamais
été bien connues. Cependant le chancelier de L'Hôpital, pré-
venu contre les Guise, donna le tort aux catholiques. (*Mémoires sur l'Histoire de France.*)

MARGUERITE.

Ah! bien des pardons, M. de Chailly; bien des pardons.

(En disant ces mots, Marguerite ouvre la porte entièrement. Entre Chailly. Après lui, un homme enveloppé dans un manteau. Sa figure est presque cachée sous les bords d'un large chapeau ; il est suivi d'un jeune laquais portant une arquebuse.

Après avoir fait plusieurs révérences aux nouveaux venus, Marguerite a couru au fond de la pièce. Elle roule un grand fauteuil à bras. Cependant Simon et Jean se sont levés. Ils passent devant M. de Chailly qui les examine attentivement, le saluent, et sortent en disant:)

Bonsoir, dame Marguerite.

MARGUERITE.

Messieurs, au revoir. (Présentant à Chailly le fauteuil qu'elle vient de rouler devant lui.) Monsieur, voulez-vous vous asseoir ?

(Puis elle offre un siège au compagnon de Chailly, qui le prend en silence. Le jeune laquais reste debout près de la porte.)

CHAILLY, préoccupé.

Hé bien, Marguerite, comment se porte Villemur?

MARGUERITE.

Assez bien, graces à Dieu, M. de Chailly. Depuis quelque temps son catarrhe le laisse tranquille. Hier, il a reçu un billet de monseigneur le duc de Guise, et il est parti ce matin pour Joinville.

CHAILLY.

Je le sais. (Toujours préoccupé.) Et vous, Marguerite, comment cela va-t-il?

MARGUERITE, faisant une profonde révérence.

Vous me faites beaucoup d'honneur; je me porte bien, Dieu merci.

CHAILLY, après un instant de silence.

Mais, dites-moi..... Vous aviez tout à l'heure de la compagnie,..... quelles sont les personnes qui viennent de sortir ?

MARGUERITE.

Ce sont des voisins. Le grand maigre est M. Jean, sacristain de notre paroisse. L'autre est M. Simon, très-bon catholique, qui demeure au coin de la rue des Fossés.

CHAILLY.

N'a-t-il pas servi sous François de Guise?

MARGUERITE.

Oui, M. de Chailly.

CHAILLY.

Ah ! c'est bien. . . . . Maintenant, Marguerite, voici ce qui m'amène : sachant que le chanoine est absent, je viens vous présenter (étendant la main vers son compagnon) M. Bondol, et vous demander de le loger pour quelque temps (1).

MARGUERITE.

M. de Villemur sera bien fâché de n'avoir pas été chez lui pour recevoir dignement monsieur.

____

(1) DE THOU.

Mais je ferai tout mon possible pour qu'on ne s'aperçoive pas de l'absence du maître.

CHAILLY.

M. Bondol est un ami intime du chanoine.

MARGUERITE.

Quand cela ne serait pas, il suffit que Monsieur soit présenté par vous, pour être ici le bienvenu. Vous savez, M. de Chailly, que toute cette maison est à votre service.

CHAILLY.

Je vous remercie, Marguerite.

MARGUERITE.

Dame! c'est bien juste; n'est-ce pas à vous que nous devons notre bien-être. N'est-ce pas vous qui nous avez tirés de la position si gênée, je devrais dire si pauvre, où nous nous trouvions quand le chanoine était prêtre à Saint-Merri. Mon maître n'oubliera jamais ce mauvais temps. Il en parle souvent, et ce n'est jamais sans louer Dieu et se rappeler ce que vous avez fait pour lui. Ah! M. de Chailly, je puis vous assurer que vous avez bonne part dans ses prières.

CHAILLY.

Villemur peut compter sur mon amitié. Il peut, en toute circonstance, réclamer mes bons offices auprès de notre jeune duc.

MARGUERITE.

Que voulez-vous qu'il lui demande? Cet excellent prince n'a rien laissé à désirer à son ancien précepteur : il lui a fait obtenir un canonicat; il lui a donné cette maison, celle de Villeneuve-Saint-Georges; il lui fait une pension considérable; enfin, chaque année, la veille de la Saint-Pierre, patron du chanoine, il lui envoie un présent magnifique. Vous voyez, M. de Chailly, que nous avons du superflu; mais mon maître dit tous les jours qu'il se considère comme l'économe des pauvres, et nous employons ce superflu à faire bénir le nom de Guise, de ce cher prince....... J'aurais dû dire, de Monseigneur,........ excusez cette liberté, M. de Chailly.

CHAILLY.

Votre dévouement pour le duc l'autorise.

MARGUERITE.

Ah, mon Dieu! je donnerais mon sang pour lui.

CHAILLY.

Il sait que, s'il fallait vous mettre à l'épreuve, vous vous montreriez digne de ses bienfaits.

MARGUERITE.

Sainte-Vierge! il en est bien sûr..... Mais que peut jamais faire pour lui une pauvre femme?

CHAILLY.

Qui peut dire : je ne serai pas appelé à seconder le chef des catholiques dans ses travaux pour arrêter la ruine de notre sainte religion. Vous savez, Marguerite, que Dieu se sert quelquefois des plus humbles pour renverser ses ennemis.

MARGUERITE.

Ainsi soit-il! Il me trouverait préparée..............
En attendant, j'adresse chaque jour des prières au ciel pour la conservation de ce cher prince, (se reprenant) de Monseigneur..... J'en faisais autant pour le père, de son vivant..... Hélas! ça n'a pas empêché....... Miséricorde! si un pareil malheur devait lui arriver, je demande à Dieu de retirer auparavant la vieille Marguerite de ce bas monde.

(Elle essuye deux grosses larmes qui mouillent ses paupières.)

CHAILLY.

Espérons, bonne Marguerite, que ce malheur n'arrivera pas. Cependant, comme Henri de Guise est le seul obstacle aux projets des huguenots, il court de grands dangers.

MARGUERITE.

Ah! M. de Chailly, on répand des bruits affreux.

CHAILLY.

Ils sont vrais. Nous avons tout à craindre des hérétiques.

MARGUERITE.

Que Dieu protège donc le pauvre prince !

CHAILLY.

Et que les catholiques défendent leur chef.

MARGUERITE.

Hélas, bon Dieu ! qui pourrait le défendre contre
un assassin. Son père........

CHAILLY, l'interrompant.

Rassurez-vous, Marguerite, le prince est sur ses
gardes. Il sera très-difficile de le surprendre.

MARGUERITE.

Que Dieu vous entende ! Mais qui peut répondre
que la trahison.....

CHAILLY, l'interrompant vivement.

Encore une fois, reposez-vous sur les catholiques du soin de veiller à la conservation de leur
chef..... Mais il se fait tard, et j'oublie que M. Bondol a fait aujourd'hui beaucoup de chemin ; qu'il
doit être très-las. — Dites-moi, Marguerite, où
allez-vous loger Monsieur ?

MARGUERITE.

Dans la chambre du chanoine ; c'est la plus
belle de la maison.

CHAILLY.

Non, Villemur peut revenir d'un moment à
l'autre. Son hôte aurait alors le regret d'avoir dé-
rangé le maître du logis. (Indiquant du doigt une porte qui
est en face de lui.) Vous avez là une chambre qui, je
crois, n'est pas occupée ?

MARGUERITE.

Oui. Mais elle est petite, obscure et mal meublée.

CHAILLY.

N'importe. Monsieur s'en contentera.

MARGUERITE.

En vérité, elle n'est pas convenable.

CHAILLY.

Monsieur est militaire, et par conséquent habitué à s'accommoder de tout.

MARGUERITE.

Mais, voyez donc, M. de Chailly, à quoi vous m'exposez quand mon maître saura.....

CHAILLY.

Je prends tout sur moi.

MARGUERITE.

Loger un de ses amis intimes dans un trou comme celui-là !

CHAILLY.

Vous lui direz que nous l'avons voulu ainsi pour ne pas lui causer d'embarras.

MARGUERITE.

Puisque vous l'ordonnez...... Mais, si vous veniez voir cette chambre ?

CHAILLY.

Je la connais.

MARGUERITE.

Laissez-moi au moins l'arranger de mon mieux.

CHAILLY.

Faites vite; c'est là l'important. Je vous le répète, Monsieur est extrêmement fatigué.

MARGUERITE.

Je reviens dans un moment.

(Marguerite sort.)

CHAILLY, au laquais.

Petit, pose là cette arquebuse, et va donner
un coup de main à dame Marguerite; elle aura
plus tôt fait.

(Le laquais obéit.)

BONDOL, à demi-voix.

Mille tonnerres! je croyais que vous n'en fini-
riez jamais avec cette maudite béate. Je commen-
çais à m'ennuyer terriblement.

(Il étend les bras , et baille.)

CHAILLY , à demi-voix.

Il était indispensable de s'assurer du dévouement de cette femme....... Il faut penser aux
conséquences....... Mais mettons à profit son
absence pour voir si nous n'avons rien omis. Il
est bien entendu que vous ne sortirez pas de la
chambre qu'on vous prépare, tant que vous n'aurez pas fait le coup.

BONDOL.

C'est entendu.

CHAILLY.

Je vais donner l'ordre à votre laquais d'aller demain chercher un cheval à l'hôtel de Guise.

BONDOL.

Ventrebleu.! qu'il soit bon.

CHAILLY.

Le meilleur des écuries de Monseigneur.

BONDOL.

C'est ça.

CHAILLY.

Quand vous serez arrivé à mon château, vous présenterez la lettre que je vous ai remise, et l'on vous introduira.

BONDOL.

Mille morts! qu'on ne me laisse pas me morfondre à la porte. Ces gredins de huguenots vont lâcher tous leurs limiers; j'en aurai quelques-uns à mes trousses en arrivant.

CHAILLY.

Soyez sans inquiétude. Puygaillard vous attend.

BONDOL.

A la bonne heure.

CHAILLY

Mais connaissez-vous bien la route?

BONDOL.

Comme ma poche; je l'ai faite cent fois.

CHAILLY.

Alors je ne vois plus rien . . . . Ah! j'oubliais le signal.

BONDOL.

Rien que ça. Têtebleu ! c'est le plus important.

CHAILLY.

Quand notre homme sortira du Louvre, un des nôtres passera devant votre fenêtre en agitant un mouchoir blanc.

BONDOL.

Un mouchoir blanc. C'est convenu.

CHAILLY.

Maintenant, songez à gagner la récompense promise. Votre fortune dépend du succès.

BONDOL.

C'est mon affaire. Notre homme ira demain souper avec le diable aussi vrai que je m'appelle.......

CHAILLY, l'interrompant.

Silence !... Vous vous nommez Bondol.

BONDOL.

Corbleu ! c'est vrai.

CHAILLY.

Ainsi, tout est dit.

BONDOL.

Pas tout-à-fait. A quelle heure passera le mécréant ?

CHAILLY.

Sur les onze heures.

BONDOL.

Diable ! vous me claquemurez dans ce nid à rats ; mais mon déjeuner....., qui y pensera?

CHAILLY,

Plaisante question ! la vieille, donc.

BONDOL.

Cette bigote ! je ne m'y fie pas. Dites-lui un mot sur cet article; c'est essentiel : il est bon qu'elle sache que je ne suis pas dans l'usage de déjeuner avec des *pater* et des *ave*. Il me faut quelque chose de plus solide.

CHAILLY , souriant.

Soyez tranquille. Elle s'en doute.

BONDOL.

Ce n'est pas une plaisanterie, sangbleu ! Il faut avoir le cœur au ventre, quand on a dix lieues à faire bride avalée.

CHAILLY.

Silence !..... j'entends la vieille.

(Entre Marguerite suivie du laquais.)

MARGUERITE, à Bondol.

Quand Monsieur voudra se coucher, son lit est prêt.

BONDOL.

Tout de suite, morbleu ! car je crève de sommeil. (Se levant.) Allons, M. de Chailly, bonsoir.

(En disant ces mots, Bondol va prendre son arquebuse, et entre dans la chambre dont Marguerite vient de laisser la porte entr'ouverte.)

MARGUERITE, derrière la porte.

Attendez, Monsieur, que je m'assure encore si vous ne manquez de rien. Il se pourrait que, dans la précipitation.....

BONDOL, fermant la porte.

C'est inutile. Je vous avertis seulement que j'ai l'appétit ouvert de grand matin.

CHAILLY, se levant.

Adieu, dame Marguerite. Je vous recommande M. Bondol; traitez-le comme s'il était le maître de la maison. En agissant ainsi, vous remplirez les intentions de Villemur, dont il est l'ami intime.

MARGUERITE.

Je ferai tout ce qui dépendra de moi pour que M. Bondol soit content.

CHAILLY.

Il n'est pas nécessaire d'avoir pour lui des attentions minutieuses. Vous l'avez vu, c'est un franc soldat; il aime à vivre à sa guise. Tant qu'il ne vous appellera pas, laissez-le en repos dans sa chambre. Mais ayez soin de lui faire porter à déjeuner par son laquais demain, à huit heures précises.

MARGUERITE.

Ça suffit, M. de Chailly.

CHAILLY, au laquais.

Toi, va demain au point du jour à l'hôtel de

Guise demander le cheval de M. Bondol. Adieu
donc, Marguerite.

MARGUERITE.

Votre très-humble servante, M. de Chailly.
(Elle reconduit Chailly en lui faisant de grandes révérences, et en répé-
tant plusieurs fois :) Votre très-humble servante.

(Chailly sort.)

MARGUERITE, à part.

C'est singulier....... Un ami intime du chanoine, et je ne me souviens pas d'avoir entendu
prononcer son nom. ..... M. Bondol.......
Non jamais, j'en suis sûre. Je le suis encore davantage que depuis trente-cinq ans que je sers M. de
Villemur, il n'a pas mis le pied chez nous........
non, pas une seule fois; car M. Bondol a une de
ces figures..... qu'on n'oublie pas.....

J'ai tout à l'heure essayé de faire causer le laquais; mais il paraît qu'il n'en sait pas beaucoup
plus long que moi sur le compte de son maître.....
C'est singulier, un ami intime du chanoine que je
ne connais pas..... Mais il faut bien que cela soit,
puisque M. de Chailly me l'assure. (Haut au laquais.)
Mon ami, venez avec moi; je vais vous conduire
à votre chambre.

(Après avoir remis en place les chaises et son rouet, Marguerite
sort, suivie du laquais.)

SCÈNE II.

PERSONNAGES.

Gaspard de COLIGNY, seigneur de Châtillon, amiral de France.

Charles comte DE TÉLIGNY, gendre de l'amiral.

<table>
<tr><td>

Antoine-Marafin de GUERCHY,
SORBIÈRES DESPRUNAUX,
Armand de CLERMONT, baron de PILES,
François de MONEINS,
Jacques PAPE DE SAINT-AUBAN,

</td><td>

Capitaines protestans de la suite de l'amiral.

</td></tr>
</table>

Gentilshommes protestans.

<table>
<tr><td>

CORBERAN DE SARLABOUX, colonel d'un régiment des gardes,
VILLIERS DE CHAILLY,
Achille PETRUCCI, gentilhomme siénois,
SIMON.

</td><td>

Agens du duc de Guise.

</td></tr>
</table>

Bourgeois.

Femmes du peuple.

Hommes du peuple.

SCÈNE II.

VENDREDI 22 AOUT 1572. 11 HEURES DU MATIN.

Place Saint-Germain-l'Auxerrois. Devant une des maisons formant l'angle qui sépare cette place de la rue des Fossés-Saint-Germain, plusieurs bourgeois causent entre eux. Chailly se promène à l'écart. Sarlaboux arrive précipitamment.

SARLABOUX, bas à Chailly.

Je reçois à l'instant l'avis que le conseil va finir. Tout est-il prêt, M. de Chailly?

CHAILLY, bas à Sarlaboux.

Oui, colonel. Maurevel est à l'affût (1).

---

(1) Nicolas de Louviers, sieur de Maurevel, était un gentilhomme de la Brie; il avait servi en qualité de page dans la maison des princes Lorrains.   L'Estoile.)

SARLABOUX.

Toutes vos mesures.....

CHAILLY.

Parfaitement prises. Vous allez en juger : Villemur est absent. La garde de sa maison est confiée à une vieille chambrière. Connu de cette femme pour être attaché aux princes Lorrains, je lui ai présenté Maurevel comme un ami intime de son maître, et, sur ma recommandation, elle n'a pas fait difficulté de le recevoir ainsi que son domestique. Nous l'avons installé dans une chambre basse, peu éclairée par une étroite fenêtre donnant sur la rue des Fossés-Saint-Germain. De là, le bout de son arquebuse touchera, pour ainsi dire, le pourpoint de l'amiral.

SARLABOUX.

Voilà qui est bien. Mais la fuite de Maurevel.....

CHAILLY.

Est assurée. Derrière la maison du chanoine est une porte dérobée, ouvrant sur le cloître Saint-Germain. Là, son domestique lui tient prêt un excellent cheval qui le conduira en un instant à la Porte Saint-Antoine ; des relais sont placés sur sa route. De sorte qu'en peu d'heures il sera à l'abri de toute poursuite dans un château fortifié que j'ai aux environs de Corbeil.

SARLABOUX.

Mais n'est-il pas à craindre que le domestique
ne fasse découvrir le maître?

CHAILLY.

Impossible : c'est un enfant qu'il n'a que depuis quelques jours à son service; qui ne le con-
naît que sous le nom de Bondol, et croit que son
maître, dont à peine il a vu la figure, est un archer de la garde du roi.

SARLABOUX.

Mais la vieille parlera, et vous, M. de Chailly...

CHAILLY.

Je n'ai point cette crainte, parce que, si le
dévouement de cette femme pour la maison de
Guise ne lui fait pas regarder le meurtre de Coligny comme une juste représaille de l'assassinat du
père de notre jeune duc, il est au moins très-
certain que son zèle pour la religion catholique
le lui fera considérer comme une action méritoire.
A tout évènement, j'ai la sauve-garde de monseigneur, et (s'approchant de Sarlaboux) celle du roi lui-
même (1).

SARLABOUX.

Je n'ai plus rien à dire : tout est prévu. Pourvu

____

(1) Le duc de Guise n'exécuta son projet contre Coligny
que de concert avec Charles IX. (DE THOU.)

Le roi donc ne se voulant servir de lui (l'amiral) en si

maintenant que ce Maurevel ne manque pas son coup.

CHAILLY.

Cette supposition n'est pas possible.

SARLABOUX.

Cependant ne nous a-t-il pas déjà donné la tête d'un marcassin au lieu de la hure du vieux sanglier qu'il nous avait vendue ?

CHAILLY.

Il sait qu'une pareille compensation ne peut être acceptée deux fois. D'ailleurs, il faut convenir que, dans la circonstance que vous rappelez, l'occasion ne le servit pas (1), et que, s'il tua le comte de Mouy, ce fut de rage de n'avoir pu atteindre l'amiral. Aujourd'hui, tout le favorise :

---

bonnes affaires (la guerre de Flandre) fut, ou de lui-même, ou de plusieurs de son conseil, persuadé de le faire mourir ; et pour ce, fut attiré le sieur de Maurevel, qu'on appellait le tueur du roi, ou le tueur aux gages du roi.(BRANTÔME.)

(1) Lorsque le parlement avait mis la tête de Coligny à prix, Maurevel s'était offert à gagner la somme promise. Ayant reçu l'argent, il s'était rendu au camp des protestans, sous prétexte de quelque injustice que les Lorrains lui avaient faite.

Il fit amitié avec le comte de Mouy, gouverneur de Niort ; dans l'espérance de parvenir, par son moyen, auprès de

non-seulement nous faisons passer le gibier sous
son arquebuse, mais nous le faisons passer lentement pour lui donner tout le temps de l'a-
juster.

SARLABOUX.

Par quel moyen?

CHAILLY.

On va présenter à Coligny, à sa sortie du
Louvre, un mémoire contenant de nouvelles
plaintes des huguenots, et sans doute que, suivant son usage, il ralentira sa marche pour en
prendre lecture sur-le-champ.

---

l'amiral. Mais furieux de n'avoir pas trouvé l'occasion qu'il
cherchait, Maurevel avait assassiné le comte de Mouy.

(De Thou, Varillas.)

Le jeudi 14 avril 1583, sur les deux heures après midi,
le sieur de Mouy, qui dès long-temps cherchait tous les
moyens de venger la mort de son père par celle de Maurevel, qui l'avait assassiné près Niort, en 1569, l'ayant trouvé
près la croix des Petits-Champs, vers Saint-Honoré, le chargea l'épée au poing et le poussa vers la barrière des Sergens,
où il lui donna deux ou trois grands coups d'épée; mais un
soldat du régiment de Maurevel, qui accompagnait son capitaine, tua sur la place le sieur de Mouy. Maurevel
mourut le lendemain de ses blessures; le roi lui avait donné
un régiment pour le récompenser de l'assassinat de l'amiral.

(Journal de Henri III.)

SARLABOUX.

En vérité on lui fait si beau jeu qu'il mérite d'être pendu, ce Maurevel, s'il ne gagne pas sa partie...

CHAILLY.

Mais le conseil ne finit pas..... Ce retard me paraît extraordinaire après l'avis que monseigneur vous a chargé de me donner.

SARLABOUX.

En effet..... Je n'y conçois rien.

CHAILLY.

Si notre homme avait pris un autre chemin.

SARLABOUX.

Mille morts! Ce serait jouer de malheur; car cela ne lui est peut-être jamais arrivé.

CHAILLY.

Mais non... Pétrucci, qui est en sentinelle dans le Louvre, serait venu nous l'apprendre... (se retournant.) Tenez, colonel, le voici justement qui traverse la place.

SARLABOUX.

Pourvu qu'il ne soit pas messager de mauvaises nouvelles.

PETRUCCI (accourant).

Voilà l'amiral !..... A la sortie du conseil, entraîné par le roi au jeu de paume où se trouvaient monseigneur et Téligny, il a vu jouer deux parties. Maintenant il suit mes pas.

CHAILLY.

Séparons-nous donc à l'instant. Vous savez, messieurs, ce qu'il vous reste à faire.

SARLABOUX.

Aussitôt que j'aurai vu le roi Gaspard Ier cul-buter, je me rends chez la reine-mère.

CHAILLY.

Moi, chez monseigneur!

PETRUCCI.

Et moi je vais donner à Maurevel le signal convenu, et je vous rejoins à l'instant à l'hôtel de Guise.

(Ils se séparent. Au moment où Petrucci quitte la place Saint-Germain, pour entrer rue des Fossés, il se sent saisi par le bras).

SIMON, le saluant.

Bonjour, M. Petrucci. Comment se porte notre jeune duc?

PETRUCCI.

Très-bien, vieux Simon. Mais laissez-moi; je suis très-pressé.   (Il s'échappe).

SIMON.

Un instant donc (élevant la voix); vous lui direz qu'un vieux soldat de Dreux..... Bah! il est déjà bien loin.

(Il se retourne et aperçoit, au milieu de la place du Louvre, l'amiral qui s'avance à pas lents en lisant un mémoire. Marafin de Guerchy est à sa droite; Sorbières Desprunaux à sa gauche; suivent, Téligny, de Piles, Moneins, Saint-Auban et plusieurs autres, capitaines protestans).

SIMON.

Encore ces maudits huguenots!

PREMIER BOURGEOIS.

Parlez plus bas, voisin; ils peuvent vous entendre.

SIMON.

Et quand ils m'entendraient, ces chiens d'hérétiques!

PREMIER BOURGEOIS.

Prenez-y garde ou il vous arrivera malheur.
Vous savez qu'ils font aujourd'hui la pluie et le
beau temps.

SIMON, avec colère.

Morbleu! Oui, je le sais, et j'en enrage. Si nous
avions encore notre grand duc de Guise, les choses
n'iraient pas comme elles vont. Il leur appren-
drait, lui, qu'une loge ne peut contenir deux
chiens, et un seul arbre porter deux perro-
quets.

PREMIÈRE FEMME DU PEUPLE.

C'était un brave et beau prince.

SECONDE FEMME.

Un prince affable et généreux.

SECOND BOURGEOIS.

C'était le pilier de l'Église, la gloire et la force
des catholiques.

SIMON.

S'il vivait, verrions-nous ainsi se pavaner cette race maudite? aurait-il souffert que le plus pur sang catholique eût été répandu pour engraisser cette vermine?

SECOND BOURGEOIS.

Aujourd'hui les battus sont les maîtres.

PREMIÈRE FEMME.

Ils ont joué à qui perd gagne.

SIMON, continuant.

S'ils ne l'avaient pas massacré, ce n'est pas lui qui se serait laissé museler comme cette reine indigne et son imbécile de fils. La dague au poing, il nous appellerait tous à la défense de notre sainte religion.

PREMIER BOURGEOIS.

Parlez plus bas, voisin; ils approchent; ils vont vous entendre. Déjà l'un d'eux a tourné la tête de notre côté.

SIMON.

Au diable les hérétiques!

(Pendant ces derniers mots, les protestans passent devant les bourgeois qui gardent le silence.)

PILES, à Moneins.

Il me semble, capitaine Moneins, que ces drôles ne chantent pas nos louanges.

MONEINS.

C'était bien pis mardi dernier, à notre sortie de Notre-Dame (1).

PILES.

J'ai une violente démangeaison de caresser les côtes de ces papaux à coups de plat d'épée.

MONEINS.

N'en faites rien, de Piles ; vous mécontenteriez beaucoup l'amiral, qui nous a tant recommandé d'éviter toute querelle.

PILES.

En vérité, il faut que je lui demande jusqu'à quel point nous devons supporter les insolences de ces misérables, et si, par amour pour la paix, il faudra bientôt que nous leur tendions les épaules.

MONEINS.

Il pourra bien vous répondre de la même manière qu'à ce pauvre Genlis, après la bataille de Moncontour.

---

(1) Le jour du mariage du roi de Navarre avec Maguerite de Valois, sœur de Charles IX, au moment où les prostestans sortaient de Notre-Dame, pour ne pas assister à la messe, ils furent insultés ; et entre autres menaces on entendit celle-ci : Avant peu ces chiens d'hérétiques iront à la messe.

PILES.

Au moins, sous les verroux, je n'entendrai pas cette canaille.

MONEINS.

Elle n'est pas digne de votre colère. Il ferait beau voir le défenseur de Saint-Jean-d'Angely et ses amis, s'escrimant avec les boutiquiers de la place Saint-Germain. Croyez-moi, mon cher de Piles, le maître du logis nous fait bonne mine, méprisons les aboiemens de ses chiens.

PILES.

A la bonne heure. Mais qu'ils n'approchent pas de trop près; car je me sens d'humeur à leur clouer la langue.

SECOND BOURGEOIS.

Ouf! je respire! les voilà qui s'éloignent..... Ils entrent dans la rue des Fossés. J'ai cru qu'ils allaient nous faire un mauvais parti.

PREMIÈRE FEMME.

Avez-vous vu ce fier-à-bras, comme il nous regardait?

SECONDE FEMME.

Il avait l'air de vouloir nous avaler.

SIMON.

Par la sainte messe! si ces mécréans avaient eu le malheur de toucher à un seul de vos cheveux,

ils auraient à cette heure sur les bras plus de
besogne qu'ils n'en pourraient faire.

(On entend la détonation d'une arme à feu.)

SIMON.

Qu'entends-je ? Par la mort ! égorgerait-on nos
frères ?..... Courons.   (Il s'élance vers la rue des Fossés.)

(Les deux femmes et plusieurs bourgeois.)

Suivons-le.

PREMIER BOURGEOIS, tremblant.

Jésus, mon sauveur, protégez-moi!

(Il rentre précipitamment dans sa maison.)

(Rue des Fossés-Saint-Germain-l'Auxerrois, devant la maison du chanoine Piles de Villemur. L'amiral vient d'être blessé d'un coup d'arme
à feu, chargée de deux balles; une balle lui a coupé l'index de la main
droite; l'autre lui a fait au bras gauche une large blessure. Téligny,
Guerchy, Sorbières, Piles, Moneins, Saint-Auban, tous l'épée à la
main, se pressent autour de lui en criant : Trahison! Trahison! l'amiral est blessé! l'amiral se meurt! Le peuple en foule accourt de toutes
parts.)

COLIGNY, sans marquer la moindre émotion, élève sa main droite
toute sanglante vers la maison de Villemur.

Mes amis, le coup est parti de là.

(Aussitôt plusieurs gentilshommes protestans se précipitent. Ils enfoncent
la porte et se répandent dans la maison.)

COLIGNY.

Clermont de Piles, et vous, capitaine Moneins,
je vous prie d'aller instruire le roi de ce qui vient
d'arriver.

PILES.

Monseigneur, pouvons-nous vous abandonner quand vous êtes entouré d'assassins?

MONEINS.

Permettez-nous auparavant de vous escorter jusqu'à votre hôtel.

COLIGNY.

Je vous remercie. Le secours de ces messieurs me suffira. Veuillez donc, je vous prie, aller prévenir Sa Majesté.

(Piles et Moneins sortent.)

COLIGNY, pendant que ses gentilshommes bandent à la hâte ses blessures.

Sait-on à qui appartient cette maison?

TÉLIGNY.

Elle appartient au chanoine Villemur, ancien précepteur de Henri de Guise.

COLIGNY, regardant son bras.

C'est donc là un gage de réconciliation ?

GUERCHY.

Misérables assassins! notre vengeance ne se fera pas attendre.

COLIGNY.

Qui parle de vengeance? Mes amis, celle des lois est la seule que je permette d'invoquer.

(L'amiral sort soutenu par ses gentilshommes.)

(Le vieux Simon accourant et fendant la foule.)

SIMON.

Hé bien! hé bien! qu'y a-t-il? qu'est-il arrivé?

PREMIER HOMME DU PEUPLE.

Rien, rien, vieux Simon; c'est le roi des huguenots qui vient d'être arquebusé.

SIMON, avec joie.

Dieu soit loué! c'est une revanche; pourvu qu'elle soit bonne.

PREMIER HOMME.

Non. Il s'en tire à bon marché; il n'a qu'une écorchure.

SIMON.

Maudit soit le maladroit!

SECOND HOMME.

Une écorchure....... Deux balles dans le ventre.

PREMIÈRE FEMME.

Je vous dis, moi, que c'est dans le bras.

SECOND HOMME.

Ils viennent de l'emporter mourant.

SECONDE FEMME.

Hé non! il n'était pas mourant; je l'ai vu, comme je vous vois, se retirer soutenu par deux de ses officiers.

SECOND HOMME.

Je suis sûr, moi, qu'on l'a emporté mourant et qu'il doit être mort à présent.

PLUSIEURS.

Oui, oui, il a raison... Gaspard est flambé.

SIMON.

Vive Dieu! l'arquebusade était donc bonne?

SECOND HOMME.

Mort, je vous dis; et mort sans confession,
comme un chien.

SIMON.

Comme ils meurent tous. Mais mieux vaut celui-là qu'un autre : une tête de saumon vaut mieux
que dix mille grenouilles, comme dit l'avocat Jean
Ferier. Et celui qui a fait le coup est-il sauvé?

PREMIER HOMME.

Ils sont à sa poursuite.

SECOND HOMME.

Ils ne l'auront pas. Le sacristain de l'église
Saint-Germain vient de dire, devant moi tout à
l'heure, qu'il a vu un homme à cheval traverser
le cloître au grand galop. Et comme les huguenots ont perdu du temps à enfoncer la porte de
la maison de Villemur, il doit être en ce moment
en sûreté.

SIMON.

Que Dieu l'assiste, le digne homme! Moi, je
cours chez Ferier où se réunissent les zélés. Je
veux être le premier à leur annoncer cette heu-

reuse nouvelle. Adieu, mes amis; voilà un bon
exemple à suivre, imitez-le.

(Il sort. La foule se disperse peu à peu.)

SCÈNE III.

PERSONNAGES.

CHARLES IX, roi de France.

Catherine de MÉDICIS, sa mère.

L'amiral DE COLIGNY.

Le comte DE TÉLIGNY.

Henri DE BOURBON, roi de Navarre.

Le prince DE CONDÉ.

CORNATON,
DE PILES,
MONEINS, } principaux capitaines protestans.
GUERCHY,
SORBIÈRES,

MORE,
MERLIN, } ministres protestans.

Ambroise PARÉ, premier chirurgien du roi.

MAZILLE, premier médecin.

Courtisans.

Suite du roi.

Gentilshommes de l'amiral.

Capitaines protestans.

SCÈNE III.

Hôtel de l'amiral, rue Betisi. Au fond d'un vaste appartement est un lit dans lequel est couché Coligny. Ambroise Paré et Mazille sont occupés à mettre le premier appareil sur ses blessures. Le roi de Navarre et le prince de Condé, les yeux mouillés de larmes, sont au chevet. Derrière eux, Téligny et Cornaton peuvent à peine contenir leur douleur qui se manifeste de temps en temps par des sanglots étouffés. Au pied du lit, Moré et Merlin récitent à voix basse des prières. Plus loin, les chefs protestans consternés contemplent ce spectacle.

———

(Entrent de Piles et Moneins. Guerchy va au-devant d'eux.)

PILES, bas à Guerchy.

Les médecins répondent-ils de ses jours?

GUERCHY, bas à Piles.

Ils se taisent; et personne n'a encore osé les interroger.

MONEINS, bas.

Qu'ont-ils fait ?

GUERCHY, bas.

Pour arrêter la gangrène qui allait gagner la main, Ambroise Paré a été obligé de couper en toute hâte, ou, pour mieux dire, de déchirer avec de mauvais ciseaux la dernière phalange de l'index; et ce n'a été qu'à la troisième reprise qu'il est parvenu à achever l'opération.

MONEINS.

Elle a dû causer à l'amiral d'horribles douleurs.

GUERCHY.

Hé bien, sa figure, empreinte d'une résignation religieuse, a conservé le calme que vous lui voyez; une pâleur inaccoutumée trahissait seule les souffrances qu'il éprouvait.

PILES.

Et la blessure du bras?

GUERCHY.

Plus grave encore. Le pansement plus douloureux, et la fermeté du malade plus admirable. Peu de temps après qu'Ambroise Paré eut fini, arriva Mazille, envoyé par le roi. Après qu'ils eurent extrait la balle restée dans le bras, nous les avons vus avec effroi examiner attentivement la plaie et se consulter ensuite à voix basse. Nous avons craint un moment l'amputation. Il paraît cependant qu'ils ne l'ont pas jugée nécessaire, puisqu'ils mettent le premier appareil.

MONEINS.

L'amiral n'aurait pu supporter cette nouvelle opération.

PILES.

Dans l'état d'épuisement où il doit se trouver, la mort était inévitable.

GUERCHY.

Sans doute. Mais ce qui va vous consoler beaucoup, c'est que ses forces ne sont pas abattues. Il n'a rien perdu de son énergie ordinaire.

PILES.

Je n'en suis pas étonné; je sais que c'est l'ame la plus fortement trempée : ne l'ai-je pas vu, à la malheureuse journée de Moncontour, la mâchoire fracassée d'un coup de pistolet, la bouche pleine de sang, écrire, avec la plus grande tranquillité, des ordres pour rallier nos troupes et pour assurer leur retraite ?

MONEINS.

Ne l'avons-nous pas vu ensuite relever par son courage notre parti désespéré, et réparer glorieusement sa défaite dans les champs d'Arnai-le-Duc?

PILES.

Et voir mourir ainsi le plus brave des hommes!

MONEINS.

Quelle perte pour notre parti !

GUERCHY.

Elle entraînera la ruine des protestans.

MONEINS, après un moment de silence.

Mais voici les médecins qui s'éloignent du lit ; il paraît que le pansement est terminé.

PILES.

Allons rendre compte de notre message.

(Piles et Moneins s'avancent vers le lit de l'amiral.)

COLIGNY, les apercevant.

Ah ! vous voilà, Messieurs ; eh bien, qu'a dit le roi ?

PILES.

Monseigneur, le roi était encore au jeu de paume, faisant une partie avec Henri de Guise. En apprenant la trahison dont vous êtes victime, il s'est écrié : N'aurai-je jamais de repos ? Quoi ! toujours de nouveaux troubles ! Et sans rien ajouter, il a jeté sa raquette, et s'est retiré dans le Louvre.

COLIGNY.

Je conçois l'affliction de Sa Majesté en voyant les fruits de la réconciliation dont elle avait garanti la sincérité.

LE ROI DE NAVARRE.

Et Guise, a-t-il paru décontenancé à cette nouvelle ?

PILES.

Nullement. Il a soutenu nos regards avec le
plus imperturbable sang-froid, et a quitté le jeu
de paume peu d'instans après le roi.

LE PRINCE DE CONDÉ.

Le misérable! il est allé sans doute s'applaudir
avec ses complices de son infame succès.

LE ROI DE NAVARRE.

Détestable guet-apens! (se levant.) Je vais au
Louvre m'en plaindre hautement, et prier le roi
d'agréer notre départ, puisque ni nos amis ni
nous ne sommes en sûreté dans Paris.

CONDÉ , se levant.

Je vous suis : quittons une ville qui n'est plus
qu'un repaire d'assassins.

(Le roi de Navarre et le prince de Condé sortent. Entre Sorbières;
Guerchy, Piles, Moneins et plusieurs protestans l'entourent aussitôt.)

GUERCHY.

Hé bien, capitaine, qu'avez-vous découvert?

PILES.

L'assassin est-il pris?

SORBIÈRES.

Il est en fuite.

PILES.

Malédiction !

SORBIÈRES.

Mais j'espère qu'il ne nous échappera pas. En

attendant, nos perquisitions n'ont pas été sans résultat : nous avons trouvé dans la maison de Villemur une vieille femme et un enfant. A une fenêtre, ouvrant sur la rue Saint-Germain, pendait une arquebuse encore fumante. Nos recherches nous conduisirent ensuite à une porte dérobée, donnant sur le cloître Saint-Germain. Auprès de cette porte laissée ouverte, la terre fortement remuée et couverte d'écume fut pour nous l'indice qu'un cheval attendait le meurtrier. Quelques renseignemens, recueillis à la hâte, nous ayant appris qu'un homme à cheval avait été vu, fuyant à toute bride le long de la rivière, et paraissant se diriger vers la porte Saint-Antoine, MM. de Séré et de Saint-Auban, suivis de quelques-uns des nôtres, se sont aussitôt mis à sa poursuite.

GUERCHY.

Mais cette vieille et cet enfant que vous ont-ils dit ?

SORBIÈRES.

Rien. Tremblans de tout leur corps, glacés d'effroi, les plus terribles menaces n'ont pu leur arracher une réponse. Aussi, nous avons pris le parti de les livrer à la justice, qui réussira mieux que nous à les faire parler.

PILES, vivement.

Que nous apprendra-t-elle ? Avions-nous besoin

de savoir d'où est parti le coup pour connaître l'assassin ?

TOUS.

Non, non.

SORBIÈRES.

Sans doute. Mais pour que les lois puissent le frapper, il faut le convaincre.

GUERCHY.

Alors même que son rang et son crédit ne réussiraient pas à faire pencher la balance de la justice, le glaive des lois atteint rarement un tel coupable.

SORBIÈRES.

Dans ce cas, rien ne pourrait le dérober à notre vengeance.

PILES, avec emportement.

Pourquoi nous soumettre à cette incertitude ? Que le traître subisse le sort qu'il a préparé à notre chef.

(Murmure approbateur.)

COLIGNY, qui a entendu ces dernières paroles.

Je défends toute vengeance particulière. Je veux qu'on se repose sur la justice du roi. (Une pause.) Mes compagnons d'armes, vous venez d'entendre l'ordre de votre chef ; maintenant c'est un ami qui vous prie de ne pas justifier les excès de nos ennemis par des excès semblables. Je mourrai sans

crainte, faites que ce soit aussi sans regrets.........
La pensée que ma mort doit être la cause de nouveaux troubles, viendrait répandre de l'amer-
tume sur mes derniers momens.

SORBIÈRES.

Les protestans ne méconnaîtront pas la voix de
Coligny.

MONEINS.

Ils se montreront dignes de celui qui les com-
mande.

GUERCHY.

Quelque pénible que soit le sacrifice qu'il leur
impose, ils s'y soumettront.

PILES , avec chaleur.

Mais ils comptent sur la justice du roi.....

COLIGNY.

L'attendre avec confiance, mes amis, c'est servir notre cause, et préserver la patrie des plus
grands malheurs. (Se tournant vers More.) Maintenant,
mon frère, demandons à Dieu qu'il daigne exercer
sur moi sa miséricorde.

MORE , d'un ton pénétré.

Dieu n'abandonnera pas le juste... Nous allons
implorer sa miséricorde pour qu'il le conserve à
ses frères.

COLIGNY , bas à Cornaton.

Mon ami, tu feras délivrer, après la prière,

cent écus d'or au ministre Merlin pour les pauvres
de l'église de Paris.

(Les ministres More et Merlin se mettent à genoux ; tous les protestans
suivent leur exemple.)

MORE, à haute voix.

Mon Dieu, preste-moy l'oreille(1);
Par ta bonté nompareille,
Répons-moy: car plus n'en puis,
Tant povre et affligé suis.
Garde, je te pry, ma vie,
Car de bien faire ay envie :
Mon Dieu, garde ton servant
En l'espoir de toy vivant.

MERLIN, reprenant.

Las de faire te recorde
Faveur et miséricorde
A moy, qui tant humblement
T'invoque journellement
Et donne liesse à l'ame
Du serf qui, Seigneur, te clame,
Car mon cœur, ô Dieu des dieux,
J'eslève à toy jusqu'aux cieux.

COLIGNY, interrompant.

Pourquoi pleurez-vous, Téligny, et vous, Cornaton? Je m'estime très-heureux d'avoir été blessé
pour notre sainte cause.

____

(1) Psaume de Marot.

MORE, continuant.

A toy mon cœur se transporte,
Car tu es de bonne sorte
Et à ceulx plein de secours,
Qui à toy vont à recours.
Doncques la prière mienne
A tes oreilles parvienne :
Entens, car il est saison,
La voix de mon oraison.

MERLIN.

Mais tu as à moy indigne
Monstré grand' bonté bénigne,
Tirant ma vie du bort
Du bas tombeau de la mort.
Mon Dieu, les pervers m'assaillent,
A grans troupes sur moy saillent
Et cherchent à mort me veoir
Sans à toy regard avoir.

COLIGNY, interrompant.

Mon Dieu! c'est de toi que je tiens ma vie;
quand tu me la redemanderas, je suis prêt à te la
rendre; mais daigne prendre en pitié mon malheureux pays.

MORE, continuant.

Mais tu es, Dieu pitoyable,
Prompt à mercy et ployable;
Tardif à être irrité,
Et de grand' fidélité.
En pitié donc me regarde,

Baille ta force et la garde
Au faible serviteur tien
Et ton esclave soutien.

MERLIN.

Quelque bon signe me donne
Qui mes ennemis estonne
Quand verront que toy, Saulveur,
Me presteras . . . .

UN GENTILHOMME, entrant précipitamment.

Monseigneur, le roi suit mes pas.

(Aussitôt les protestans se lèvent , et vont se placer à l'entrée de l'appartement ; il ne reste auprès du lit de l'amiral que les ministres et les médecins.)

(Entre le roi ; il est accompagné de sa mère , de ses frères , et d'une suite nombreuse de courtisans. L'amiral se met sur son séant. — Il est deux heures et demie.)

LE ROI, s'avançant.

Ah ! mon père, quel horrible attentat ! J'en suis encore tout consterné............ Quoi ! presque sous mes yeux !..... aux portes de mon palais !..... Quel outrage à ma couronne !..... Ah ! mon père, la blessure est pour vous, la douleur est pour moi.

COLIGNY.

Sire, je ne puis vous exprimer combien je suis sensible à la haute marque d'intérêt que Votre Majesté daigne m'accorder.

LE ROI, l'embrassant.

Je n'ai pu résister à mon inquiétude. (Se tournant vers Ambroise Paré.) Ambroise, calmez mes craintes. Donnez à un fils tremblant l'assurance que les jours de son père ne sont pas en danger.

AMBROISE PARÉ.

Sire, nous espérons conserver les jours de l'amiral; mais les blessures sont graves.....

LE ROI, avec emportement.

Les infames! par la mort-dieu! je jure d'en tirer une vengeance si terrible, qu'elle ne s'effacera jamais de la mémoire des hommes.

CATHERINE.

Il faut que leur supplice épouvante ceux qui seraient tentés de les imiter; l'impunité d'un tel crime compromettrait l'honneur et la sûreté du trône.

COLIGNY.

Sire, permettez-moi de profiter du peu d'instans qui, suivant toute apparence, me restent à vivre, pour vous ouvrir encore une fois un cœur qui ne respire que l'amour du bien public (1).

(Le roi et la reine-mère s'asseyent auprès du lit de l'amiral, et paraissent lui prêter une attention respectueuse.)

---

(1) Coligny était persuadé qu'il mourrait de ses blessures.

(DE THOU.)

COLIGNY.

Dieu, devant qui je paraîtrai bientôt, m'est témoin que j'ai toujours souhaité avec ardeur que le règne de Votre Majesté soit florissant. Je sais qu'on a voulu me faire passer pour un traître, un rebelle, un perturbateur du royaume; mais celui qui jugera mes ennemis et moi fait ma confiance, et je vais à lui, préparé à lui rendre compte de la conduite que j'ai tenue envers Votre Majesté. Le roi Henri, votre père, m'ayant comblé d'honneurs, et votre bonté ayant voulu me les continuer, la reconnaissance et mon devoir de fidèle sujet exigent que je vous supplie instamment de ne pas perdre l'occasion favorable qui se présente de porter la guerre en Flandre. Je m'explique avec d'autant plus de liberté à ce sujet, que Votre Majesté a fait connaître assez clairement ses dispositions sur cette guerre, et qu'elle a même pris des engagemens pour l'entreprendre. Mais si vous ne poursuivez pas ce que vous avez commencé, vous exposez l'État à un péril évident. L'Espagne est notre plus cruelle ennemie; ses forces pèsent sur nous presque de tous côtés; son or répand partout la corruption; ses agens ont pénétré jusque dans les conseils de Votre Majesté. N'est-il pas indigne qu'on n'y puisse rien agiter que le duc d'Albe n'en soit instruit sur-le-champ? N'est-il pas honteux pour la France que ce bourreau ait fait pendre, ou périr par d'autres supplices, trois cents gentilshommes français faits prisonniers à la défaite de Genlis? N'est-ce pas une calamité de voir cette action d'un barbare exciter la joie des catholiques et être le sujet des railleries des courtisans (1)?

LE ROI.

Vous savez, mon père, ce que je vous ai promis : ils seront vengés; croyez-en ma parole royale. Mais pourquoi rappeler cet événement malheureux; dans l'état où vous êtes, il faut soigneusement éviter tout ce qui peut vous causer de l'agitation.

COLIGNY.

Je supplie Votre Majesté de m'accorder encore quelques momens d'attention : j'ai à lui parler du peu d'égards que l'on a pour son édit de pacifica-

---

(1) Louis de Nassau et Lanoue s'étaient emparés de Mons et de Valenciennes. Charles IX avait favorisé ces entreprises. Assiégés par le duc d'Albe, sans avoir eu le temps de préparer leur défense, les protestans ne pouvaient tenir longtemps. Genlis, à la tête d'un corps de troupes, fut envoyé à leur secours. Surpris au milieu de la nuit, les Français furent tous tués ou faits prisonniers. Charles IX avait averti le général espagnol de la marche de Genlis.   (De Thou.)

tion. Il n'est pas observé; vos juges sont les premiers à l'enfreindre; tous les jours ils violent la foi que vous avez si solennellement donnée à vos peuples. Cependant, je l'ai dit souvent à Votre Majesté et à la reine votre mère, le moyen le plus sûr de conserver la paix, le repos et la tranquillité publique, c'est de faire exécuter religieusement les édits; mais on en fait si peu de cas que, le 16 juillet dernier, les catholiques égorgèrent un homme et sa femme qui revenaient de l'Isle, village choisi pour l'exercice de notre religion, où ils avaient été pour faire baptiser leur enfant qui ne fut pas même épargné.

LE ROI.

Je vous l'ai dit bien des fois, mon père, vous êtes le premier homme d'État de l'Europe, et le premier capitaine de mon royaume. Je sais jusqu'où vont votre fidélité et votre zèle pour ma gloire; si je n'avais pas de vous cette opinion, je ne vous aurais pas donné tant de preuves de mon estime. A l'égard de mon édit de pacification, j'ai toujours souhaité et je souhaite encore qu'il soit rigoureusement observé. J'ai déjà envoyé dans toutes les provinces des commissaires chargés de veiller à son exécution. Voici ma mère qui peut vous l'attester.

CATHERINE.

Cela est vrai, et l'amiral ne peut l'ignorer.

COLIGNY, avec vivacité.

Je le sais, Madame; et je sais aussi que, parmi ces commissaires, il en est qui m'ont condamné à être pendu, et qui ont proposé cinquante mille écus de récompense à celui qui vous apporterait ma tête.

LE ROI, avec embarras.

Hé bien! nous en enverrons d'autres qui ne vous seront pas suspects. (Puis, se reprenant après un moment de silence.) Mon père, je m'aperçois que vous parlez avec trop d'action; je crains que la violence que vous vous faites ne retarde votre guérison.

COLIGNY.

Sire, je vous remercie; mais le soin de ma santé m'occupe moins que l'union et le bonheur de vos sujets; que la gloire de Votre Majesté, qui me paraît liée au projet que vous avez formé d'attaquer la Flandre. Vous ne me dites rien à ce sujet. Il serait bien consolant pour moi de recevoir en ce moment de votre bouche royale la confirmation des promesses que vous avez daigné me faire.

LE ROI, avec embarras.

Mon père, je suis déterminé, quoique à regret,

à ne plus répondre à vos questions. Cette conversation, je vous le répète, se prolonge beaucoup trop pour votre état. Plus tard, nous re-
viendrons sur ce qui vous occupe; maintenant
le soin de votre conservation est le plus précieux
de mes intérêts.

(Puis se levant tout à coup, et s'adressant à Cornaton.)

Dites-moi, Cornaton, la douleur a-t-elle arraché des plaintes à l'amiral?

CORNATON.

Sire, pas une seule. Il a tout supporté avec
une fermeté héroïque.

LE ROI.

En vérité, c'est extraordinaire. Je ne sais pas
d'homme plus courageux. A-t-il perdu beaucoup
de sang?

CORNATON.

Beaucoup, Sire. La pierre qui est devant la
maison de Villemur en est toute couverte.

LE ROI.

Mais votre manche est ensanglantée. Est-ce
encore du sang de l'amiral?

CORNATON.

Oui, Sire. Je tenais le bras du blessé, lorsque
les chirurgiens ont fait les incisions pour extraire
la balle qui y était restée.

LE ROI.

Montrez - moi cette balle. — (A sa mère.) Par ma
foi ! je n'en reviens pas..... Conserver autant de
force après une telle cause de faiblesse..... C'est
vraiment incroyable.

CORNATON, revenant.

Sire, voici la balle.

(Le roi la prend, l'examine avec attention, et la présente à sa mère.)

Voyez donc, Madame, comme elle est déchi-
rée. Il faut qu'elle ait fait une terrible blessure.

CATHERINE.

Il est encore bien heureux qu'on ait pu l'extraire; car je me souviens que, lorsque le duc
de Guise fut blessé devant Orléans, les médecins
dirent que, si la balle était retirée de la plaie, le
danger cesserait.

LE ROI.

Fasse le ciel que la trahison échoue cette fois
dans ses criminelles entreprises !

CATHERINE.

Dieu nous accordera cette faveur, mon fils, et
il vous donnera les moyens de mettre pour toujours les traîtres dans l'impossibilité de renouveler leurs attentats.

(Le roi tourne brusquememt le dos à sa mère et se rapproche du lit de
l'amiral.)

LE ROI.

J'ai fait fermer les portes de la ville, et j'ai donné

l'ordre au prévôt de poursuivre le coupable avec
la plus grande diligence. Fût-il même hors de
Paris, il ne peut nous échapper long-temps. Je
veux, par le sang-dieu! lui arracher, dans les
tortures, les noms de ceux qui ont armé son bras.

COLIGNY.

Ils ne sont pas bien difficiles à découvrir; les
indices sont assez clairs. Je repousse toute idée
de vengeance particulière; mais je remercie Votre
Majesté de la justice qu'elle a la bonté de me promettre.

LE ROI.

Par la mort-dieu! elle sera terrible et prompte!
Et quand les auteurs, fauteurs ou complices seraient de mon propre sang, ils expieraient leur
scélératesse dans les plus affreux supplices.... Mais
avant tout, mon père, il faut pourvoir à votre
sûreté. (Après un moment de réflexion.) Et pour me rassurer
entièrement à cet égard, le meilleur parti à prendre
est de vous faire transporter au Louvre.

CATHERINE.

Nulle part l'amiral ne peut être mieux défendu
en cas d'émeute populaire.

AMBROISE PARÉ.

Je prends la liberté de faire observer à Sa Majesté que les blessures étant récentes, un dépla-

cement causerait au malade une agitation qui
mettrait sa vie en péril.

LE ROI.

Es-tu bien certain de cela ?

PARÉ.

Oui, Sire.

LE ROI.

Mazille, quel est ton avis ?

MAZILLE.

Je partage entièrement l'opinion d'Ambroise
Paré.

LE ROI.

Hé bien ! quoiqu'il m'en coûte de ne pouvoir
offrir à mon père la protection de mon Louvre.....
Il n'y faut plus penser..... (Après un moment de silence.)
Mais je vais lui donner une autre preuve de l'intérêt que je prends à sa conservation en confiant
sa personne à la garde de mes propres soldats.....

Je veux qu'un détachement de mes arquebusiers soit placé à la porte de cet hôtel avec ordre
de tirer sur tous les catholiques armés qui ten-
teraient de s'en approcher.

(Aux seigneurs protestans.)

Je veux aussi veiller sur vous, messieurs; et
dans ce but, je vous autorise à vous loger autour
de la demeure de votre chef.

Je ferai plus encore, je vais ordonner que des

quarteniers soient envoyés dans toutes les hôtelleries pour prendre les noms et les adresses de
tous les protestans, afin que mes gardes soient
chargés de les défendre de toute attaque imprévue de leurs ennemis.

(A Coligny en l'embrassant.)

Adieu, mon père. Tranquillisez-vous. Je vous
l'ai déjà dit, et j'aime à vous le répéter dans cette
triste circonstance, donnez-moi seulement quelques jours pour m'ébattre, et je vous promets,
foi de roi, que je vous rendrai contens, vous et
tous ceux de votre religion.

COLIGNY, avec émotion.

Sire, je ne puis trouver de termes pour vous
exprimer la reconnaissance dont je suis pénétré.

LE ROI, aux médecins.

Mes amis, je vous recommande mon père; je le
confie à vos soins; en conservant ses jours, vous
serez les bienfaiteurs de la France, et vous acquer-
rez des droits éternels à la reconnaissance de votre
roi.

(A Coligny en l'embrassant de nouveau.)

Adieu, mon père. Comptez sur moi.

CATHERINE.

Adieu, M. l'amiral. Je vais demander au Seigneur votre guérison et le châtiment de ceux qui
ont troublé la tranquillité publique.

LE ROI, à Téligny.

Téligny, on te verra ce soir au Louvre ; tu m'apporteras des nouvelles de notre cher blessé.

TÉLIGNY.

Sire, je me rendrai aux ordres de Votre Majesté.

LE ROI, aux seigneurs protestans.

Messieurs, vous m'avez entendu : vous êtes sous la protection du roi de France.

(Tous les seigneurs protestans s'inclinent respectueusement.)

(Sort le roi, suivi de sa mère et de tous les courtisans qui l'avaient accompagné.)

SCÈNE IV.

PERSONNAGES.

L'amiral COLIGNY.
Le roi de Navarre.
Le prince DE CONDÉ.
TÉLIGNY.
Jean DE FERRIÈRES, seigneur de Maligny, vidame de Chartres.
Chefs protestans.

SCÈNE IV.

Chambre de l'amiral. Devant son lit sont assis en cercle les chefs protestans.

LE VIDAME.

Encore quelque temps, et ces chiens de huguenots iront à la messe : ces paroles ont frappé vos oreilles à votre sortie de Notre-Dame, le jour du mariage du roi de Navarre.

N'a-t-on pas entendu dire à cet infame Gondi : Ces noces feront couler plus de sang que de vin?

Ne sait-on pas qu'un président du parlement a conseillé à un protestant de ses amis de quitter Paris sans délai avec sa famille?

Jean de Montluc, partant pour l'ambassade de Pologne, n'a-t-il pas dit au comte de La Rochefoucauld : Que la fumée de la cour ne vous aveugle pas; quelques caresses qu'on vous fasse, prenez garde de vous y laisser entraîner ; les gens sages et prudens doivent être en garde contre les appâts ; trop de confiance vous jettera dans de grands périls ; le parti le plus sûr pour vous et pour tous les protestans est de vous éloigner de la cour autant qu'il vous sera possible ?

Voilà les prédictions sinistres que je vous ai rappelées dans notre assemblée d'hier, pour appuyer la proposition que je vous ai faite de sortir de Paris. Depuis, j'ai recueilli des notions plus sinistres encore :

Le Louvre est transformé en une place de guerre; on le remplit d'armes apportées de toutes parts; des attroupemens d'hommes armés errent à l'entour. De tous côtés s'élèvent contre nous des cris de mort. Guise, dont le nom funèbre retentit toujours à l'approche de quelque événement fatal aux protestans; Guise, qui ce matin a quitté cette ville avec éclat, doit y rentrer ce soir furtivement. Des quarteniers ont parcouru toutes les hôtelleries ; ils ont dressé des listes de tous les religionnaires pour marquer les victimes. Le roi, afin que pas un seul ne puisse échapper à ses coups, le roi enferme tous nos chefs dans l'enceinte d'un quartier. Enfin, comme s'il dédaignait de nous cacher plus long-temps ses horribles desseins, il place à la porte de cet hôtel, pour veiller sur les jours de l'amiral, un homme couvert de crimes, Cosseins, son ennemi juré.

Qu'ai-je besoin d'ajouter à ces indices qui vous montrent le crime rétrécissant tous les jours le cercle dans lequel il vous tient enveloppés? Faut-il vous rappeler de plus terribles avertissemens : le cardinal Odet de Châtillon (1) empoisonné à Hampton, au moment de son départ pour la France; la reine de Navarre (2) descendant précipitamment

---

(1) Vuillin, valet de chambre d'Odet de Châtillon, frère de l'amiral, empoisonna son maître au moment où celui-ci se disposait à quitter l'Angleterre, où il avait été pour négocier le mariage du duc d'Anjou avec la reine Élisabeth.

Pris quelque temps après, Vuillin avoua son crime, et déclara qu'il l'avait commis à la sollicitation de Catherine.

(*Mémoires de l'Estat de France.*)

Odet de Châtillon avait été en grande amitié avec la reine-mère, à laquelle il avait sauvé la vie à Châlons.

(2) Le 15 mai 1572, la reine de Navarre, Jeanne d'Albret, vint à Paris pour veiller aux préparatifs du mariage de son fils le prince de Béarn avec Marguerite de Valois. Elle tomba malade le 4 juin, et mourut cinq jours après, à l'âge de quarante-trois ans.   (De Thou.)

La maladie de cette princesse commença après avoir acheté des gants et des collets parfumés chez un parfumeur, nommé

dans le tombeau, au milieu des préparatifs de l'hymen, et presque à la lueur des torches nuptiales? Enfin, ces noces fatales sont complices de la plus horrible trahison : la victime est sous vos yeux! et vous délibérez encore.....

Sortons à l'instant d'une ville où notre perte est certaine. Quittons une cour perfide et déshonorée ; et puisque l'état de ses blessures (1) le permet, dérobons notre chef à la mort qui le menace.

TÉLIGNY.

Je ne repousse pas les conseils de la prudence; mais je suis loin de partager les terreurs dont on vient de vous faire l'effrayant tableau. Je reconnais qu'il peut y avoir pour nous des dangers; mais ils ne sont pas là où on les signale. Et encore même ces dangers, la protection du roi a-t-elle

---

René Bianchi, venu de Florence avec la reine-mère, et qui passait pour un empoisonneur public.

D'Aubigné, L'Estoile, Mézerai, affirment que Jeanne d'Albret fut empoisonnée. Jean de Serres, protestant, et Pierre Mathieu, catholique, rapportent que c'était l'opinion de beaucoup de gens.

(1) Le lendemain, 23 août, les plaies de l'amiral parurent si belles que les chirurgiens répondirent de ses jours.

(VARILLAS.)

pris soin de nous en défendre. Dans notre première délibération, j'ai répondu au vidame de
manière à porter la conviction dans vos esprits,
et vous avez rejeté la proposition qu'il vient de
vous renouveler; j'espère que je ne serai pas
moins heureux aujourd'hui.

Il m'est pénible de réveiller d'affligeans souve-
nirs; mais on me force à vous répéter que les
soupçons, formés sur la mort imprévue de la
reine de Navarre, ont été reconnus faux et inju-
rieux par les médecins qui ont fait l'ouverture du
corps de cette princesse. Nous ne devons accuser
que la nature de cette perte cruelle (1).

La mort plus malheureuse encore du cardinal
Odet de Coligny est attribuée à un crime domestique. Aucune preuve n'est venue lui donner une
autre cause; et rien ne vous permet de l'imputer
à la cour, à moins que vous ne vouliez la rendre
responsable de tous les crimes.

Que vous dirai-je sur l'assassinat de l'amiral que
vous ne sachiez déjà? Chailly est arrêté sur les dé-

---

(1) On ne commanda pas aux médecins d'ouvrir le cer-
veau où le grand mal était; au moyen de quoi ils ne purent
donner avis que sur ce qui leur apparaissait.

(Jean de Serres; Pierre Mathieu.)

6

clarations du laquais et de la vieille trouvés dans la maison de Villemur. Ils ont répété dans les tortures que ce Chailly avait présenté le meurtrier; qu'il avait préparé, favorisé sa fuite. Quel est ce Chailly? un agent de Guise. Où s'était embusqué l'assassin? dans la maison du précepteur de Guise. A qui profite le crime? à Guise. Henri de Guise est donc le seul, le véritable meurtrier.

Quant aux notions sinistres qui ont donné lieu à cette seconde délibération, il me suffira d'en démontrer l'erreur pour effacer l'impression qu'elles ont pu produire.

Ces armes que l'on transporte au Louvre sont destinées, c'est le roi lui-même qui a daigné nous l'apprendre, à un divertissement qui doit se donner dans le château, où l'on se propose d'offrir aux reines le spectacle d'une forteresse assiégée. Ces hommes armés doivent figurer dans ce divertissement.

Ces cris que vous avez entendu proférer contre les protestans, sont ceux d'une fureur impuissante; ils sont les signes certains de la chute des Guise. Ceux d'entre vous, messieurs, qui tout à l'heure assistaient à leur audience de congé, partagent sans doute ma conviction à cet égard. Ils auront été frappés de l'air glacial et sévère avec lequel le roi a accueilli nos ennemis; et ils n'auront pas oublié la menace que Sa Majesté leur a faite en recevant leurs adieux : « Allez, leur a-t-elle dit; « si vous êtes coupables, ma justice saura vous « atteindre. »

Serait-il étonnant après cela que ces artisans de troubles cherchassent, par quelque ténébreuse machination, à ressaisir le pouvoir qui leur échappe. Non, sans doute; mais ils nous trouveront sur nos gardes; et aujourd'hui leur fureur me paraît beaucoup moins redoutable que leur amitié.

Le roi, dans sa bonté, daigne étendre sa protection jusqu'au dernier des protestans; à sa voix, nos chefs se rassemblent autour de cette demeure, et viennent faire à l'amiral un rempart impénétrable. Certes, si son cœur nourrissait l'horrible perfidie qu'on lui suppose, pourquoi nous réunir? Pourquoi se préparer une résistance, que divisés nous ne pourrions lui opposer? L'apparition de Cosseins à la porte de cet hôtel paraît avoir effrayé quelques-uns d'entre vous. Le hasard ne peut-il pas avoir présidé au choix que l'on a fait de cet officier? Le roi ne peut-il pas ignorer quel est cet homme? Auriez-vous mieux aimé qu'on eût laissé l'amiral à la merci du premier scélérat qui aurait eu assez de courage pour s'armer d'un poignard, et pour pénétrer jusqu'à lui?

Ne levons donc pas des regards criminels sur le trône où est assis un des meilleurs rois que la France ait eus depuis plusieurs siècles (1). Son goût pour les arts, son amour pour les lettres, son âge sont autant de garans de sa bonne foi. Mon cœur s'indigne à la pensée qu'on le soupçonne capable d'un crime dont l'horreur eût fait reculer les plus cruels tyrans.

LE ROI DE NAVARRE.

Dans le premier moment de l'indignation, nous avons pu penser à la retraite. Moi-même, vous le savez, accompagné du prince de Condé, je me suis rendu chez le roi pour le prier d'agréer mon départ. En apprenant le motif de notre visite, le roi entra dans une violente colère, et tomba dans des convulsions qui épouvantèrent tous les assistans. Aussitôt qu'il eut repris connaissance, il s'éleva avec fureur contre l'atrocité du crime, et nous donna sa foi, avec les plus grands sermens, que l'amiral et ses amis seraient satisfaits. Ensuite, il nous conjura au nom de notre parenté, et plus encore, au nom de la tranquillité publique, de ne point quitter la cour. Catherine, présente à cette scène, ajouta, avec autant d'indignation,

---

(1) C'était aussi l'opinion de Coligny.　　　(DE THOU.)

que ce n'était pas seulement contre Coligny, mais
contre la majesté royale que cet attentat était dirigé; que si on laissait les coupables impunis,
bientôt on attaquerait le roi dans le Louvre. Elle
finit par joindre ses prières à celles de son fils,
pour nous déterminer à ne pas nous éloigner.

Je vous l'ai dit hier, nous aurions résisté à un
ordre; nous fûmes vaincus par des prières, par
des larmes. Et si le roi n'avait pas déjà regagné
notre confiance, nous la lui aurions rendue tout
entière, aujourd'hui qu'il vient de nous donner
une nouvelle preuve de bienveillance en nous
invitant, le prince de Condé et moi, à faire entrer
nos gens dans le Louvre pour les mettre à l'abri
de l'insolence des Guise.

Rougissant de nos soupçons, honteux de nos
craintes, ne quittons pas une ville où nous avons
pour nous venger la parole royale, et pour sauve-
garde la bonne foi du prince et l'honneur de la
couronne.

CONDÉ.

Le sentiment du roi de Navarre, vous le parta-
giez presque tous hier. Quelques bruits popu-
laires, nés de l'agitation inséparable de ces mal-
heureuses circonstances, ont-ils pu produire un
tel changement? Qui est donc venu d'ailleurs altérer votre confiance?

Le roi a-t-il paru oublier ses promesses? Sa justice est-elle lente à punir? A-t-il diminué ses témoignages d'intérêt pour l'amiral? A-t-il enfin paru disposé à rendre ses bonnes graces aux Guise?

Au contraire, sa bonté surpasse nos espérances. — Le président Christophe de Thou, assisté du conseiller Viole, poursuit, avec la plus grande vigueur, l'instruction. — La nouvelle reine de Navarre, suivie de plusieurs gentilshommes, est venue, de la part du roi, visiter aujourd'hui Coligny. — Sa Majesté nous a publiquement confirmé tout à l'heure la disgrace de nos ennemis. — Sa loyauté a manifesté si hautement ses intentions sur la guerre de Flandre, que l'ambassadeur d'Espagne se dispose à quitter Paris. — Ce n'est pas tout encore, le roi a fait écrire aux gouverneurs des provinces, aux ambassadeurs dans les cours étrangères, pour leur faire savoir qu'il regardait l'assassinat de l'amiral comme un outrage à sa personne, et qu'il ferait des coupables un terrible exemple.

Voilà les nouveaux titres que le roi s'est acquis à votre confiance. — Accepter la proposition du Vidame, c'est y répondre par un outrage.

LE VIDAME.

Dans l'âge qui ignore la perfidie et ses artifices,

il n'est pas étonnant qu'on se laisse prendre aux apparences de la sincérité. Mais moi, vieilli dans nos discordes civiles, moi qui connais Catherine et sa cour, je repousse de toutes les forces d'une conviction profonde la garantie de la bonne foi du prince.

Souvenez-vous d'une maxime reçue par les papistes comme un point de religion et confirmée par l'autorité des conciles, qu'on ne doit pas garder la foi aux hérétiques.

Souvenez-vous que la haine des catholiques sera éternelle à cause des maux que les dernières guerres ont faits à la France.

Souvenez-vous qu'une femme fourbe, artificieuse, d'une famille de papes, que Catherine enfin ne peut manquer de se porter aux dernières extrémités contre ses ennemis.

Voyez avec quel soin déplorable on a éloigné du roi de vertueux instituteurs, pour le mettre dans d'indignes mains. Voyez à quelle école il a été élevé, les maîtres qu'il a eus. Jurer, se parjurer, blasphémer le nom de Dieu, corrompre les filles et les femmes, déguiser sa foi, sa religion, ses desseins, composer son visage : voilà ce qu'il a appris de bonne heure, et ce qu'on lui a enseigné comme un jeu. Et pour l'accoutumer à voir répandre le sang de ses sujets, on l'a, dès l'enfance, habitué à prendre plaisir au spectacle d'animaux égorgés sous ses yeux (1).

A l'instigation de Rome et de Madrid, il s'est déterminé à ne souffrir d'autre religion que la sienne dans le royaume.

Jamais il ne se croira obligé d'observer aucun traité avec des sujets qu'il redoute; et pour ne plus avoir à nous craindre, il nous exterminera.

Que la vérité de tels avertissemens, confirmés par l'expérience d'un vieillard, vous éclaire. Écoutez un vétéran de votre cause qui vous répète que l'assassinat de l'amiral est le premier acte d'une tragédie qui doit finir par le massacre de tous les protestans.

COLIGNY.

Ce n'est pas sans examen que j'ai fermé les yeux sur les avertissemens que vient de rappeler le Vidame : ils m'ont paru dictés par la haine ou l'erreur. L'exagération seule des périls dont ils nous menacent aurait suffi pour me rassurer. Je rends pleine justice au caractère de Jean de Ferrières; je reconnais qu'aucune crainte personnelle

---

(1) Gondi, maréchal de Retz, pervertit Charles IX du tout, et lui fit oublier et laisser toute la belle nourriture que lui avaient donnée Amyot et le brave Sipierre.

(BRANTÔME.)

ne l'anime. Mais le souvenir des persécutions aux-
quelles nous avons été en butte exalte ses ressentimens, et lui fait imprudemment accueillir des
bruits répandus par l'active malveillance de nos
ennemis. Un crime isolé lui paraît le prélude du
massacre de quinze cent mille religionnaires.
Dans l'aveuglement de sa haine, il ne voit pas que
si la cour avait formé un si horrible complot, elle
n'en aurait pas compromis la réussite en donnant
l'alarme aux protestans par le meurtre de leur
chef.

Quand il serait vrai que l'idée de cette atrocité pût ne pas arrêter Médicis, l'intérêt de
cette ambitieuse reine m'est garant de la sincérité de ses bonnes intentions. La puissance des
Guise est redoutable à Catherine, qui trouve
en nous le contre-poids nécessaire à son autorité.
Elle sait que notre ruine la laisserait sans défense
à la merci de nos rivaux. Et cette trahison sans
exemple ne serait pas seulement l'opprobre éternel de la couronne; mais un crime inutile, sans
fruit, qui pourrait ébranler le trône sans détruire
les protestans. Mais c'est trop m'arrêter à une
pensée injurieuse au roi. Mon cœur repousse des
soupçons qui blessent la reconnaissance que je
lui dois pour tous les bienfaits dont il nous ac-
cable.

Quant aux dangers dont la haine des Guise peut m'environner, ils ne sauraient me faire changer la ferme résolution que j'ai prise de mourir plutôt que de quitter un poste avantageux pour les intérêts de notre cause.

Le traité d'alliance que le roi vient de faire avec l'Angleterre, et celui qu'il négocie en ce moment avec les princes protestans de l'Allemagne, font assez connaître les dispositions favorables de Sa Majesté pour nous. Il veut avoir à sa cour un fils de l'électeur palatin et un des seigneurs anglais les plus zélés pour notre religion : tel que le baron de Burgley. Il a donné parole au prince d'Orange et à Louis de Nassau, son frère, de leur envoyer des secours. Il a ordonné de faire des levées considérables pour remplacer les troupes taillées en pièces à la défaite de Genlis. Hier, vous l'avez entendu promettre, foi de roi, de nous rendre tous contens avant peu ; aujourd'hui il a dit à Téligny qu'il destinait à Montmorency le commandement en second de l'armée de Flandre et des commissions aux principaux officiers calvinistes. Frégose, qui arrive de Florence, m'assure que Cosme de Médicis doit prêter deux cent mille écus d'or pour les frais de cette guerre.

En un mot, le roi n'est occupé que des moyens

de consolider la paix dans son royaume en portant la guerre chez l'étranger. — Et si Dieu daigne conserver ma vie, j'espère qu'avant peu les drapeaux de Jarnac et de Moncontour, qui, mardi dernier, ont blessé nos regards, seront arrachés de Notre-Dame, et remplacés par d'autres plus agréables à voir.

Notre retraite détruirait tous ces avantages; elle romprait une paix qui assure à notre malheureux pays un repos dont il a tant besoin, et aux protestans des garanties qu'ils ont payées de leur sang.

— Pour moi, le souvenir de nos troubles me fait tellement horreur, que j'aimerais mieux être traîné tout sanglant dans les rues de Paris, que de recommencer une quatrième guerre civile.

LE VIDAME.

O Coligny! qu'est devenue votre prudence! Instruit des complots de Catherine, pendant un an, vous avez résisté à ses séductions; pendant un an, cette reine artificieuse a épuisé inutilement les promesses et les offres les plus brillantes; mais enfin, le génie de la nièce de Léon X, secondé du plus fourbe des rois, a triomphé de votre sagesse. Celui que les revers ont trouvé inébranlable est vaincu par une trompeuse prospérité. Ce que les armes de nos ennemis n'ont pu faire, leur perfidie va le consommer.

O Coligny! les sermens, les caresses, les pleurs du roi vous ont subjugué! Il vous nomme son père; il vous serre dans ses bras; il mouille vos cheveux blancs de ses larmes; il approuve vos grands desseins; il vous en promet l'accomplissement; il va en presser l'exécution; les charges, les honneurs sont à votre disposition; en un mot, il vous livre le royaume..... Mais comment avez-vous obtenu ces avantages? Par des moyens qu'un roi généreux aurait bien de la peine à vous pardonner; et vous croyez que le fils de Médicis a oublié les terreurs que lui ont causées nos guerres civiles; qu'il ne se souvient plus de sa fuite de Meaux; vous croyez qu'il ne se rappelle pas que vous lui avez imposé la paix la plus humiliante que jamais souverain ait reçue de l'un de ses sujets!

O Coligny! qu'avez-vous fait de votre prudence?

Vous rejetez loin de vous le soupçon d'une dissimulation aussi infernale dans un roi de vingt ans. Cependant vous savez que le crime mûrit promptement à la cour de Catherine, et que tout s'est réuni pour donner à Charles IX une corruption et une férocité précoces. Vous savez enfin que Gondi est l'ami de son cœur; Philippe, son modèle; Grégoire, son conseil; et Médicis, son oracle.

(Aux seigneurs protestans.)

Semblables à ces victimes parées pour le sacrifice, vous ne voyez pas le couteau du sacrificateur. Il est levé sur vos têtes, il va frapper.....

Déjà Catherine a préludé à votre mort par les horribles jeux du palais Bourbon (1). Son cœur a tressailli d'une joie anticipée..... Et, en ce moment peut-être, son génie dispose une fête au milieu de laquelle vous serez tous égorgés.

LE ROI DE NAVARRE.

Jusqu'à présent on n'a mis sous vos yeux que les conséquences funestes pour les intérêts de notre cause, qu'entraînerait la proposition de Jean de Ferrières. Il me reste à vous dire : si vous

---

(1) Le mercredi 20 août, furent faits jeux dès long-temps préparés, en la salle Bourbon :

A main droite, il y avoit le paradis dressé, l'entrée duquel étoit défendu par trois chevaliers armés de toutes pièces; qui étoient le roi et ses frères. A main gauche étoit l'enfer. Le Paradis et l'Enfer étoient divisés par une rivière qui étoit entre eux, dans laquelle il y avoit une barque, conduite par Caron, nautonier d'Enfer. A l'un des bouts de la salle, et derrière le Paradis, étoient les Champs-Élysées. Là, étoient douze nymphes, fort richement accoutrées. Dans la salle se

l'acceptez, vous vous couvrez de honte. Comment! on verrait huit cents gentilshommes, l'élite de la noblesse protestante, presque tous éprouvés dans vingt combats, fuir tout à coup saisis d'une terreur panique!

On les verrait emportant leur chef blessé et le dérobant à des périls imaginaires pour l'exposer à un danger certain! On nous verrait le mépris et la fable de la cour, le jouet de nos ennemis que notre fuite rétablirait dans la faveur du roi! On nous verrait enfin, après avoir perdu cette considération qui fait la force des partis, obligés de courir aux armes et relever l'étendard de la guerre civile!

(Une grande agitation dans l'assemblée succède à ces paroles. Presque tous les assistans se sont levés et témoignent avec chaleur qu'ils parta-

----

présentèrent plusieurs troupes de chevaliers errans, armés de toutes pièces et vêtus de diverses livrées, conduites par le roi de Navarre et le prince de Condé.

Tous lesquels, taschant de gaguer l'entrée du Paradis, pour puis aller quérir les nymphes au jardin, en étoient empêchés par les trois chevaliers qui en avoient la garde. Lesquels, l'un après l'autre, se présentoient à la lice, ayant rompu la pique contre les assaillans, les renvoyèrent vers l'Enfer, où ils étoient trainés par des diables.

(Mémoires de l'Estat de France.)

gent le sentiment du roi de Navarre. On entend Guerchy et de Piles s'écrier :

Non, non, nous ne fuirons pas.

(Peu à peu le calme se rétablit.)

LE ROI DE NAVARRE, continuant.

Mais non, vous ne tomberez pas dans le piége tendu par les Guise; vous ne serez pas les instrumens de leur triomphe.

Le roi manifeste hautement pour nous sa bienveillance; la visite qu'il a faite hier à l'amiral en est la preuve éclatante. Ce n'était pas seulement un souverain donnant à un de ses sujets des marques d'un touchant intérêt, mais un tendre fils tremblant pour les jours d'un père.

Confions-nous donc dans la bonne foi d'un prince dont le cœur généreux s'étudie tous les jours à nous faire oublier, à force de bienfaits, les maux dont nous ont accablés ses prédécesseurs, et n'allons pas, par des défiances injurieuses, altérer les meilleures intentions, et réveiller des ressentimens qui ne font que de s'éteindre.

(Un murmure approbateur accueille encore le roi de Navarre quand il a cessé de parler.)

LE VIDAME, d'une voix sombre.

Ce que je vous ai annoncé, des prêtres le prêchent dans les églises; ils montrent le ciel aux catholiques comme la récompense du meurtre des hérétiques. Vous m'avez entendu, et vous êtes restés sourds.....

Je vous ai découvert l'abîme près de vous engloutir, et vous avez fermé les yeux..... Malheur à qui a des yeux et ne voit pas; des oreilles et n'entend pas! Malheur à vous!

COLIGNY.

Vous le voyez, Jean de Ferrières, la majorité de cette assemblée ne partage pas vos terreurs. Cessez donc vos sinistres prédictions, et joignez vos prières aux nôtres pour demander à Dieu que l'évènement qui nous rassemble ne trouble pas la paix si nécessaire au bien de l'Église et de l'État.

LE VIDAME.

Dieu n'entendra pas vos prières; sa main s'est appesantie sur vous.

(Il garde quelques instans le silence; puis, se levant tout à coup :)

Maintenant, que ceux d'entre vous qui ne veulent pas être égorgés sans défense me suivent dans le faubourg Saint - Germain; là, si nous ne pouvons sauver nos frères, nous avons l'espérance de leur conserver des vengeurs.

(Plusieurs protestans se lèvent et se disposent à suivre le Vidame, qui se dirige vers la porte de l'appartement; sur le point d'en franchir le seuil, Jean de Ferrières s'arrête; puis il revient à pas lents se placer devant le lit de l'amiral.)

LE VIDAME, avec émotion.

Quand on se sépare d'un ami, peut-être pour toujours, on ne doit pas le quitter dans la colère. Coligny, dites - moi que la vivacité, la dureté de mes paroles ne vous a pas offensé.

COLIGNY.

Ferrières, si ta bouche avait trahi ton cœur, le sentiment qui t'animait t'aurait déjà justifié aux yeux de ton vieil ami.

LE VIDAME.

Adieu donc, noble victime d'une irrésistible fatalité. Adieu..... puisqu'il faut que ta destinée s'accomplisse.

COLIGNY.

Adieu, Ferrières. Avant peu, tu rendras justice à la loyauté du roi.

LE VIDAME.

Avant peu, notre cause aura perdu ses plus fermes appuis.

(En disant ces mots, il se précipite vers la porte et sort, suivi de plusieurs protestans.) Long silence.

COLIGNY.

Que les tristes adieux que vous venez d'entendre ne laissent pas dans vos esprits une pénible impression. Vous connaissez la source des terreurs imaginaires du Vidame. Objet de cruelles persécutions, les maux qu'il a soufferts ont exalté

sa haine contre les catholiques au point de les
croire capables de tout ce que la malveillance
et l'esprit de parti peuvent enfanter de plus incroyable. Le temps seul peut dissiper cet aveuglement... Je ne terminerai pas cette délibération sans
vous recommander, de la manière la plus expresse,
d'éviter tout sujet de querelle. Que des menaces
de vengeance ne soient pas proférées. Donnons
l'exemple de la modération ; et montrons-nous
dignes de la faveur royale par notre respect pour
les lois, et par notre confiance dans les promesses
du prince.

TÉLIGNY, aux protestans.

Épuisé par la discussion qui vient d'avoir lieu,
l'amiral a le plus grand besoin de repos. — Ne
compromettons pas une existence si précieuse en
prolongeant une délibération désormais inutile.

(Les chefs protestans sortent en silence.)

SCÈNE V.

PERSONNAGES.

CHARLES IX.

Catherine DE MÉDICIS.

Henri DE VALOIS, duc d'Anjou, frère du roi.

Le chevalier D'ANGOULÊME, bâtard de Henri II.

Le duc DE NEVERS (Ludovic de Gonzague, prince de Mantoue).

Albert DE GONDI, comte de Retz, maréchal de France.

Gaspard DE SAULX, comte de Tavannes, maréchal de France.

René DE BIRAGUE, garde-des-sceaux.

SCÈNE V.

SAMEDI 23 AOUT 1572. 6 HEURES DU SOIR.

Jardin des Tuileries. Le roi se promène lentement. Il paraît absorbé dans une sombre rêverie. Derrière lui vient la reine-mère, entourée des ducs d'Anjou, de Nevers, du chevalier d'Angoulême, des comtes de Tavannes, de Retz, et du garde-des-sceaux de Birague. L'attention de Catherine est dirigée sur son fils, dont elle observe en silence tous les mouvemens.

———

(Tout à coup, le roi s'arrête; et se tournant brusquement vers sa mère:)

LE ROI.

Connaissez-vous bien l'homme de qui vous tenez l'avis que vous venez de me communiquer?

CATHERINE.

Je vous l'ai dit, mon fils; depuis long-temps Bouchavanes a mérité toute ma confiance.

LE ROI.

Cependant c'est un traître.

CATHERINE.

Par dévouement à ma personne.

LE ROI.

Un hérétique.....

CATHERINE.

Son cœur est libre des liens de l'hérésie; et s'il n'a pas déjà embrassé publiquement la foi catholique, c'est pour mieux servir vos intérêts.

LE ROI.

Mais, en admettant qu'on puisse sans imprudence se fier à un pareil homme, plus j'y réfléchis, et moins je conçois l'alarme qu'il vient de répandre parmi nous. Si j'ai bien entendu le rapport qu'il vous a fait, les craintes exprimées par le Vidame n'ont pas été partagées; la proposition de sortir de Paris a été rejetée.

CATHERINE.

Elle l'avait été hier, et cependant on l'a renouvelée aujourd'hui. La discussion qu'elle a provoquée a été plus longue, plus animée; le résultat en a été plus funeste : le Vidame a entraîné un certain nombre de huguenots dans le faubourg Saint - Germain. Demain, on la reproduira sans doute, et elle sera acceptée. Alors, vous recon-

naîtrez trop tard l'importance de l'avis que vous
paraissez mépriser.

LE ROI.

Quels dangers si pressans voyez-vous donc à
craindre de la part d'un vieillard presque mourant et sans défense?

CATHERINE.

Ce vieillard, mon fils, ne s'est jamais montré
plus redoutable qu'au moment où il ne semblait
plus à redouter. Vous le croyez abattu par la souf-
france, vaincu par vos caresses, vos bienfaits;
vous ne connaissez pas Coligny : l'expérience de
nos guerres civiles devrait mieux vous instruire.

LE ROI.

Il est en mon pouvoir : l'état de ses blessures ne
lui permet pas de fuir.

CATHERINE.

Aujourd'hui, sans doute. Aussi affecte-t-il devant les siens une confiance qu'après l'événement
d'hier il ne peut éprouver. Demain, sa fuite vous
rappellera que les amis de Coligny n'ont jamais
connu les desseins de leur chef qu'au moment de
leur exécution. Demain, réveillant des ressentimens qu'il retient encore, il sortira de Paris pour
rallumer un incendie que l'épuisement du royaume
ne vous permettra pas d'éteindre. Alors, ce traître
ne craindra plus de porter la main sur une cou-

ronne que, depuis douze ans, sa rébellion n'a
que trop ébranlée.

LE ROI, avec agitation.

Hé bien! Madame, dites-moi; parlez......., que
faut-il faire?

CATHERINE.

Prévenir ses coups : qu'il périsse cette nuit
même, ainsi que tous les principaux hérétiques.

LE ROI, avec effroi.

Cette nuit même.....! Y pensez-vous, Madame?
non, non, cette précipitation nous perdrait.

CATHERINE.

Elle peut seule vous sauver en assurant l'exécution de vos desseins.

LE ROI.

J'ai juré la ruine des rebelles; mais je veux
la consommer sans exposer ni ma personne ni
mon royaume.

CATHERINE.

Vous le pouvez encore : tremblez, mon fils, de
laisser échapper le peu d'instans qui vous restent.

LE ROI.

Pour être différée, ma vengeance n'en sera pas
moins certaine. Les huguenots sont exaspérés
contre les Guise; l'agitation du peuple est extrême. Pourquoi renoncer à notre premier plan?

D'un moment à l'autre, une émeute ne peut-elle
pas le faire réussir sans danger pour nous ?

GONDI.

Sire, il n'y faut plus compter. Livrer l'amiral
à la vengeance de Henri de Guise ; par ce meurtre,
mettre aux prises les calvinistes et les Lorrains ;
laisser ces deux factions rivales s'entre-détruire ;
tomber ensuite sur les vainqueurs affaiblis, sous
prétexte qu'ils ont troublé la tranquillité publique, et les massacrer jusqu'au dernier : tel était
en substance notre projet. L'événement a trompé
notre attente..... Cependant, malgré la maladresse
de Maurevel, hier nous pouvions croire encore
que la première fureur des amis de Coligny ser-
virait nos espérances ; mais nous ne connaissions
pas l'ascendant que ce chef redoutable exerce sur
ceux de son parti.

CATHERINE.

Nous pouvions espérer encore que, succom-
bant à ses blessures, sa mort nous rendrait l'occasion que cet ascendant nous a fait perdre ; mais
cette chance n'existe plus : les médecins répondent de sa vie.

TAVANNES.

Le parti proposé par la reine-mère est le seul
qui nous reste à suivre ; c'est l'unique moyen de
tarir la source des maux qui affligent la France.

L'insolent factieux qui marche l'égal des princes,
qui prétend dicter des lois à son souverain, qui in-
sulte journellement à la majesté royale, n'oubliera
jamais l'injure sanglante qu'il vient de recevoir.
Et puisque la guerre est inévitable, il vaut mieux
gagner une bataille dans Paris, où sont rassemblés
tous les chefs calvinistes, que de la mettre en
doute dans la campagne.

LE ROI.

Tous les chefs......., et le Vidame, et ceux qui
l'ont suivi?

BIRAGUE.

Nous parviendrons à endormir leurs craintes,
et à les attirer dans la ville.

NEVERS.

Au moins, nous prendrons toutes les mesures
nécessaires pour les empêcher de fuir.

TAVANNES.

C'est là le point important. Quant à leurs défiances, chaque instant que nous emploierions à
les calmer compromettrait la sûreté de Votre Majesté et le salut de l'État.

CATHERINE.

Toute tentative à cet égard serait d'ailleurs
inutile. Ce n'est pas seulement les Guise qu'ils
accusent; mais nous tous, mais le roi lui-même,
d'être complices de Maurevel.

LE ROI.

Et les villes laissées aux huguenots, qu'en faites-vous ?

D'ANJOU.

Montauban, Cognac et La Charité ont reçu des garnisons royales, et doivent par conséquent nous donner peu d'inquiétude.

LE ROI, vivement.

Ce sont des foyers de rébellion : et je crains, moi, que vos garnisons ne soient insuffisantes pour les contenir. Mais vous ne me parlez pas de La Rochelle ; ce boulevard de l'hérésie vous paraît-il digne de quelque attention ?

D'ANJOU.

Sire, avec douze mille hommes et le concours de la flotte de Strozzi, je vous promets qu'avant trois mois La Rochelle sera rangée sous votre obéissance.

LE ROI, avec colère.

Voilà de belles paroles, Monsieur d'Anjou. Mais, morbleu ! La Rochelle est une place d'une tout autre importance que Saint-Jean-d'Angely ; et cependant, si j'ai bonne mémoire, vos lauriers de Moncontour ont eu le temps de se flétrir devant les murs de cette bicoque (1).

____

(1) Charles IX détestait son frère le duc d'Anjou. Il était

(A ces mots, le duc d'Anjou, dont la figure exprime le plus vif mécon-
tentement, va s'éloigner, lorsque sa mère s'avance, et le retient par
quelques paroles qu'elle lui dit à voix basse.)

CATHERINE, vivement au roi.

Mon fils, ne nous écartons pas de la question
que nous agitons; occupons-nous du danger qui
nous menace.

LE ROI, brusquement.

C'est ce que je fais, Madame, en calculant les
conséquences d'une précipitation qui peut me
jeter dans les plus grands embarras.

GONDI.

Dans une situation moins critique, suivant les
conseils de Sa Majesté, nous pourrions entourer
de toutes les précautions de la prudence l'exécution de notre projet. Mais la force des circonstances nous oblige à en brusquer le dénouement. Le temps presse, il faut agir; frapper ou
être frappé: telle est l'alternative où nous sommes.
Abattons aujourd'hui les principales têtes d'une
faction impie, ou attendons-nous demain aux plus
grands malheurs.

CATHERINE.

Vous paraissiez bien comprendre cette néces-

---

jaloux de la gloire que ce prince avait acquise à Jarnac et à
Moncontour. La reine-mère n'osait combattre une haine si
déclarée. (De Thou.)

sité, mon fils, lorsque vous me disiez ces jours
derniers : « Ces hautes têtes sont trop dangereuses
dans un État ; le duc d'Albe a raison. L'adresse
n'y peut plus rien ; il faut en venir à la force. »

LE ROI.

Coligny était alors plus à craindre. Maintenant
sa blessure, la confiance que j'ai su lui inspirer...

CATHERINE, l'interrompant.

Sa confiance est un masque dont il couvre ses
desseins..... Ne vous souvient-il plus que ce fut à
Châtillon, au milieu d'occupations agrestes, qu'il
prépara, en pleine paix, l'audacieuse entreprise
de Meaux, à laquelle vous n'avez échappé que par
miracle ? Avez-vous oublié qu'on le trouva faisant
ses vendanges, à la veille d'une explosion qui devait embraser la France ?

LE ROI, pâlissant.

Le 29 septembre 1567 !... Vous rappelez là, Madame, une date terrible........ (Puis, après quelques instans
de silence.) Misérable Maurevel ! pourquoi as-tu man-
qué ton coup !....

BIRAGUE.

Le mal peut se réparer. Ordonnez, sire, et les
Guise achèveront ce qu'ils ont commencé. Pour
se débarrasser de leurs rivaux, ils se chargeront
de l'exécution et de la haine qu'elle ne peut manquer de susciter. De votre côté, sire, vous ferez

écrire à tous vos gouverneurs de province que les
Guise, apprenant que les parens et amis de Coligny s'apprêtaient à venger sa blessure, avaient,
pour les prévenir, soulevé le peuple et massacré
tous les chefs calvinistes. Ainsi, Votre Majesté
réussira à se mettre à l'abri des conséquences
qu'elle redoute, en paraisant étrangère à une vengeance qu'elle aura ordonnée.

LE ROI , avec vivacité.

Tu as raison, Birague; tu as raison. A la bonne
heure, voilà, parbleu! un bon conseil! (Après quelques instans de réflexion.) Oui....... ; mais tu me laisses
aux prises avec ces ambitieux Lorrains que je hais
presque autant que ces maudits hérétiques.........
(Avec emportement.) Misérable Maurevel! je te ferai
expier les tourmens que j'endure!

CATHERINE.

Plus tard, nous nous occuperons des Guise;
nous saurons mettre leur ambition dans l'impossibilité de rien entreprendre : aujourd'hui, ap-
puyons-nous sur eux pour écraser des ennemis
qui nous pressent.

Dans la visite que vous avez faite hier à Coligny
vous avez entendu les menaces dont il a accompagné les insolentes plaintes de prétendues in-
fractions à vos édits; vous avez vu l'audace avec
laquelle il vous a demandé satisfaction, et vous a

montré dans la moindre résistance de votre part,
l'étincelle qui doit produire un embrasement;
vous avez enfin remarqué avec effroi, qu'au milieu des plus grandes protestations de fidélité et
de dévouement, il vous a fait sentir qu'il était le
maître d'exciter la guerre civile. Hé bien! ce que
je vais vous dire est plus effrayant encore.

LE ROI.

Qu'est-ce donc? parlez.....

CATHERINE.

J'apprends que, non content d'armer les sujets
contre leur roi, le traître appelle l'étranger : il
vient de faire partir pour l'Allemagne et l'Angleterre, des émissaires chargés de demander vingt
mille hommes à ces puissances.

LE ROI, avec violence.

L'infame!.....

CATHERINE, continuant.

Si vous lui laissez le temps de joindre ce secours
important aux mécontens français, qu'aurez-vous
à lui opposer? Une armée? vous n'en avez pas.
Des trésors? vos coffres sont vides. Les Guise,
les Guise seuls peuvent donc vous sauver.

Mais si vous composez plus long-temps avec le
chef d'une secte impie, qu'on ne peut tolérer
sans blesser au cœur notre sainte foi et perpé-
tuer les troubles qui désolent la France, les capi-

taines catholiques sont déterminés à élire un capitaine général et à faire une ligue offensive et défensive contre les ennemis de notre religion.

Ainsi, vous vous trouverez, mon fils, sans autorité, sans puissance dans votre royaume, et à la merci du vainqueur.

(Pendant ces dernières paroles, le roi qui paraît extrêmement agité, fait quelques pas en avant ; puis revenant tout à coup vers ses conseillers, il leur dit avec fureur :)

LE ROI.

Par la mort-dieu ! puisque vous trouvez bon qu'on extermine cette nuit Coligny et tous les chefs hérétiques : je le veux bien. Mais par le sang-dieu ! je veux aussi qu'on étende le massacre à tous les huguenots de France, afin qu'il n'en reste pas un seul qui puisse me le reprocher.

(A ces mots, il s'éloigne à pas précipités. Sa mère et ses courtisans le suivent en se parlant à voix basse. Ils le rejoignent bientôt.)

TAVANNES, s'approchant du roi.

L'arrêt que Votre Majesté vient de prononcer excepte sans doute le roi de Navarre.

LE ROI.

Non ; tous, tous !

TAVANNES.

Qui osera frapper le beau-frère du roi?

(Il se fait un silence pendant lequel le roi promène des regards farouches sur les assistans ; puis il s'écrie :)

LE ROI.

Lâches! ce sera moi, puisque aucun bras fidèle
ne se lève pour venger mon injure.

TAVANNES.

Sire, n'accusez pas notre dévouement, mais le
respect qui nous arrête devant la majesté royale,
et surtout devant la haute alliance que vient de
contracter celui que vous désignez à nos coups.
Henri de Bourbon est roi; il est votre beau-frère...

LE ROI, avec emportement.

Il est mon ennemi..... puisque lui accorder la
vie, c'est m'exposer à perdre les fruits de ma vengeance.

TAVANNES.

Après l'anéantissement de son parti; après la
dispersion de ceux que le fer n'aura pu atteindre,
il ne sera plus à redouter.

LE ROI.

Il pourra le devenir plus tard, en rassemblant
ces restes dispersés. En attendant, il sera le dra-
peau vers lequel ceux qui auront échappé tour-
neront leurs regards.

TAVANNES.

On peut se mettre à l'abri de cette inquiétude
en le retenant prisonnier à la cour.

LE ROI, vivement.

Et qui me répondra de son évasion ?

8

BIRAGUE.

Sire, la meilleure garantie.....

LE ROI.

Nomme-la.

BIRAGUE.

Son abjuration..... Tiède disciple de Calvin, le
roi de Navarre renoncera sans peine à une nouvelle religion pour laquelle il montre très-peu
d'attachement. Alors, en admettant que la destruction des huguenots ne soit pas complète, il
cessera d'être, pour ceux qui auront survécu, un
objet d'espérance, et pour Votre Majesté un sujet
de crainte.

LE ROI, après avoir réfléchi quelque temps.

En effet..... son abjuration pourrait le mettre
dans l'impossibilité de nous nuire..... Elle serait
un triomphe pour l'église romaine,........ un acte
agréable à Dieu..... Mais s'il refusait; si plus tard....
c'est une incertitude pénible, et je ne veux pas
m'y exposer.

CATHERINE.

Il acceptera, mon fils, parce que sa grace sera
le prix de son obéissance; et sa conversion sera
un grand exemple que vous offrirez aux débris
de l'hérésie.

BIRAGUE.

Mais, si vous persistez, Sire, à vouloir lui faire

partager le sort de ses coréligionnaires, il faut que vous preniez sur vous toutes les conséquences que vous paraissiez redouter tout à l'heure, car il ne sera plus possible de faire passer l'exécution comme un fait particulier de la maison de Guise, si le roi de Navarre est tué dans votre palais.

LE ROI.

Suis-je donc responsable des meurtres qui peuvent se commettre dans le Louvre?

TAVANNES.

Oui, Sire. Et laisser assassiner votre beau-frère sous vos yeux, et pour ainsi dire dans les bras de son épouse, est une action que nous ne parviendrons jamais à colorer. Tout ce que nous pourrions dire pour en charger les princes lorrains ne justifierait pas Votre Majesté.

LE ROI, avec violence.

Qu'il abjure donc et promptement, ou, par le sang-dieu! sa mort est certaine, dût-il la recevoir de mes propres mains!

NEVERS, s'approchant du roi (1).

Votre Majesté daignera aussi faire grace au cousin du roi de Navarre, à mon allié.

----

(1) Ludovic de Gonzague, prince de Mantoue, avait épousé Henriette de Clèves, sœur de Marie de Clèves, dont le ma-

LE ROI, avec impatience.

Encore!..... L'intérêt de l'État a pu m'obliger à épargner un coupable d'un rang suprême; mais la même nécessité ne parle pas en faveur de celui que vous venez de nommer.

NEVERS.

Comme Henri de Bourbon, le prince de Condé est votre hôte; la même sauvegarde doit les protéger tous deux si vous voulez paraître étranger à ce qui va se passer cette nuit.

LE ROI, avec colère.

Il a d'autres titres à ma clémence. Vous oubliez de dire qu'il est le fils du héros de Saint-Denis; de celui qui eut l'honneur d'assiéger son maître dans sa capitale, après avoir été sur le point de le faire prisonnier; de celui qui eut la gloire de mourir, comme il avait vécu, en portant les armes contre son roi (1).

---

riage avec le prince de Condé avait eu lieu quelques jours avant la Saint-Barthélemi.

Fille aînée de François de Clèves duc de Nevers, Henriette s'était trouvée, par la mort de ses deux frères, le comte d'Eu et Jacques de Clèves, héritière du duché de Nevers qu'elle avait apporté en dot à Ludovic de Gonzague.

(1) A la bataille de Jarnac, le 13 mars 1569, au moment où Condé mettait son casque pour charger l'ennemi, le cheval

NEVERS.

Sire, vous ne punirez pas le fils des crimes de
son père.

LE ROI.

Il n'a pas seulement le tort très-grave à mes
yeux, de porter un nom cher aux rebelles : il an-
nonce encore cet esprit de révolte, cet ardent
prosélytisme, ce courage, qui firent de son père
le perturbateur de mon royaume.

NEVERS.

Les exemples que lui offriront d'autres membres

---

du comte de La Rochefoucauld, son beau-frère, lui cassa la
jambe d'un coup de pied. Le prince n'en fondit pas moins
tête baissée sur l'ennemi, en disant : « Souviens-toi, noblesse
française, en quel état Louis de Bourbon entre aujourd'hui
au combat pour sa religion, pour son salut et pour celui de
toute la France. Renversé de son cheval, il combattit encore
long-temps un genou en terre. » (*Notices historiques* sur les
tableaux de la galerie de S. A. R. le duc d'Orléans, par
M. Vatout.)

« Son grand cœur, dit l'Estoile, aimant mieux y laisser la
vie, comme il fit, que de reculer, usant de ces mots quand
on lui en parla : « J'à Dieu ne plaise, qu'on dise jamais que
Bourbon ait fuy devant ses ennemis ! » et fut pris prisonnier
par d'Argence, gentilhomme qui était tenu à ce prince de la
vie, et qui fit aussy ce qu'il put pour le lui rendre ; mais il
ne lui fut possible pour avoir été découvert par les compagnies
du duc d'Anjou ; lesquelles ce pauvre prince de Condé avisant

de sa famille, le maintiendront dans la fidélité qu'il doit à son souverain; et si, ce que je ne puis penser, il était tenté de s'en écarter, son changement de religion lui en ôterait le pouvoir.

LE ROI.

Qui vous dit qu'il consentira à abjurer?

NEVERS.

Sire, la condition que vous lui imposerez.

LE ROI.

Il ne s'y soumettra pas. Son orgueil, son zèle

---

venir de loin : « Je suis mort, dit-il; d'Argence, tu ne me sauveras pas. » Comme aussy arriva incontinent, Montesquiou, capitaine des gardes du duc d'Anjou, qui le tua de sang-froid, par le commandement, dit-on, de son maître; ce prince s'étant couvert la face de son manteau, comme fit autrefois César quand il fut tué. »

Brantôme, *Discours* 80, affirme que ce lâche assassinat, sur lequel L'Estoile s'explique avec doute, fut commandé par le duc d'Anjou (depuis Henri III).

La conduite de ce prince, après la bataille de Jarnac, vient donner aux paroles de Brantôme un grand caractère de vérité.

Il fit attacher sur le dos d'une vieille ânesse le cadavre du prince de Condé, et le fit promener dans son camp, pour l'exposer aux risées d'une vile soldatesque. Souillant ainsi sa victoire par une vengeance atroce qui excita les murmures de tous les gens d'honneur qui se trouvaient dans son armée.

(*Histoire des guerres de religion en France.*)

fanatique pour les nouvelles doctrines, soutien-
dront sa résistance.

CATHERINE.

Il vous restera toujours, mon fils, un moyen de
le purger des souillures de l'hérésie.

NEVERS.

Sire, je vous en supplie, daignez m'accorder
sa grace, au nom du dévouement dont je n'ai cessé
de donner des preuves à Votre Majesté.

LE ROI.

Il y a douze ans qu'à Orléans, j'ai sauvé les jours
de son père, et vous savez par quels services le
traître a payé ce bienfait (1).

NEVERS.

La reconnaissance du fils vous fera oublier
l'ingratitude du père.

LE ROI.

Je n'y compte pas.

---

(1) Ennemi des Guise, Condé tenta de les renverser. Il
était en secret l'ame de la conspiration d'Amboise. Aussi les
princes Lorrains cherchèrent dès ce moment à le perdre. En
1560, le roi François II le manda ainsi que le roi de Navarre, pour assister aux Etats d'Orléans. Là, sous prétexte
d'une nouvelle conspiration, il est condamné à perdre la
tête. Mais François II étant mort sur ces entrefaites, l'arrêt
ne fut pas exécuté. Charles IX, ou pour mieux dire sa mère,

NEVERS.

Sire, je vous réponds de sa soumission et de sa fidélité.

LE ROI, regardant Nevers en face.

Vous m'en répondez..... Hé bien ! à votre considération, je consens à lui laisser la vie. Mais, par la mort-dieu ! réfléchissez-y ; vous vous chargez là d'une grande responsabilité.

(Nevers s'incline respectueusement.)

CATHERINE.

Maintenant, rentrons au Louvre où il faut à l'instant même appeler Henri de Guise ; lui faire part de notre projet, et lui en confier l'exécution : n'est-ce pas votre volonté, mon fils ?

(Le roi, qui est préoccupé, ne répond à sa mère que par un signe de tête
affirmatif.)

CATHERINE.

Chevalier D'Angoulême, je vous prie de faire

---

lui rendit la liberté pour l'opposer aux Guise dont elle redoutait la puissance.

Le courage et la gaieté du prince de Condé ne l'avaient pas abandonné dans sa prison ; il répondit à un émissaire des Guise, qui lui proposait de se réconcilier avec eux : « Il n'y a meilleur moyen d'appointement que la pointe de la lance. » (*Notices historiques* sur tableaux de S. A. R. le duc d'Orléans, par M. Vatout.)

savoir au duc que le roi l'attend dans mon appartement.

D'ANGOULÊME.

Madame, je vais sur-le-champ obéir à votre
ordre.

(Il sort.)

CATHERINE, à son fils qui reste immobile.

Rentrons, mon fils.

LE ROI, brusquement.

Rentrons.

(Il sort, suivi de sa mère et de ses conseillers.)

SCÈNE IV.

PERSONNAGES.

Henri DE LORRAINE, duc de Guise.
Catherine DE CLÈVES, sa femme.
Claude DE LORRAINE, duc d'Aumale,
Louis DE LORRAINE, cardinal de Guise,   } Ses oncles.
Le cardinal PÉLEVÉ, agent des Guise.
Claude DE LA CHATRE, sieur de Nançay,
CORBERAN DE SARLABOUX,   } Capitaines des gardes du roi.
François marquis d'O.
Colonels des gardes françaises et des gardes suisses.
Claude MARCEL, ancien prévôt des marchands, agent de la reine-mère.
Jean CHARON, prévôt des marchands.
Échevins.
DE SEZAC,
DE MANCY,   } Aides-de-camp de Guise.

SCÈNE VI.

Rue du Chaume. Hôtel de Guise. La duchesse est assise devant une table. Sa tête est appuyée sur sa main droite, dans sa main gauche est un billet qu'elle examine avec attention. De l'autre côté de la table sont assis le cardinal de Guise et le cardinal Pélevé.

LA DUCHESSE.

Dieu! qu'il tarde à revenir !.....

LE CARDINAL DE GUISE.

Mais, ma nièce, il n'y a pas une heure qu'il est parti.

LA DUCHESSE, avec un soupir.

Une heure d'inquiétude est donc bien longue!...

LE CARDINAL DE GUISE.

Calmez-vous; je vous répète que Henri ne court aucun danger.

LA DUCHESSE.

Tenez, mon oncle, quand on lui a remis ce billet, j'ai éprouvé un serrement de cœur qui ne m'a pas quittée depuis son départ.

LE CARDINAL DE GUISE.

Que voulez-vous qu'il lui arrive? on le croit hors de Paris.

LA DUCHESSE.

Il a tant d'ennemis!.... Ne peut-on pas avoir surveillé ses démarches et appris son retour.

LE CARDINAL DE GUISE.

Retenu par cette crainte imaginaire, devait-il refuser de se rendre aux ordres du roi?

LA DUCHESSE.

Je ne sais..... mais je tremble.

(On entend le bruit des pas de quelqu'un qui s'avance.)

PÉLEVÉ.

Voici sans doute Monseigneur.

(Entre D'Aumale.)

LA DUCHESSE, qui s'était levée avec précipitation, se rassied, en disant avec l'expression du regret:

Ce n'est pas lui.....

D'AUMALE, à la duchesse.

Hé bien! ma nièce, qu'avez-vous donc? quel accueil!.... (D'un ton plus doux.) Mais vous paraissez souffrir..... (Se tournant vers les deux cardinaux.) Vous aussi, Messieurs, quelles figures lugubres!........ (Au cardinal de Guise.) Ah ça, Louis, pour Dieu! veux-tu parler? veux-tu m'apprendre ce qui s'est passé?

LE CARDINAL DE GUISE.

Rien, mon frère; rien..... La duchesse a quelques inquiétudes sur son mari, et nous étions occupés à les dissiper.

D'AUMALE, vivement.

En effet, je ne vois pas Henri. Où est-il?

LA DUCHESSE, lui présentant un billet ouvert.

Lisez, monsieur le duc.

D'AUMALE, lisant.

9 heures du soir.

« Mon cher duc, le roi m'ordonne de vous faire « savoir qu'il vous attend à l'instant même chez « la reine-mère. Votre ami, le chevalier D'ANGOU-« LÊME. » (A la duchesse.) Que voyez-vous donc d'inquiétant dans ce billet?

LA DUCHESSE.

Il a été remis avec le plus grand mystère.

D'AUMALE.

A moins de vouloir détromper nos ennemis qui nous croient sur la route de Nanci, il était impossible d'agir autrement.

LA DUCHESSE.

Mais l'heure avancée de ce rendez-vous.....

D'AUMALE, l'interrompant.

On n'en pouvait choisir une plus convenable:

après avoir convaincu les huguenots de notre disgrace, le roi n'avait-il pas le plus grand intérêt à
dérober à tous les yeux une entrevue dont la
connaissance aurait bientôt réveillé des soupçons
qu'il a eu tant de peine à assoupir.

LA DUCHESSE.

Vous conviendrez au moins que le duc a commis une grande imprudence, en sortant par le
temps qui court, seulement accompagné de deux
de ses gentilshommes.

D'AUMALE.

Pas davantage : une suite plus nombreuse aurait été remarquée, et aurait pu lui attirer de fâ-
cheuses rencontres.

LA DUCHESSE, après avoir réfléchi.

· Mon oncle, votre tranquillité me rassure un
peu ; je sais que vous aimez trop Henri pour être
indifférent à mes craintes, si elles vous parais-
saient fondées. (Après une courte pause, à D'Aumale.) connaissez-vous l'écriture du chevalier D'Angoulême ?

D'AUMALE.

Non. Pourquoi cette question ?

LA DUCHESSE, au cardinal de Guise.

Et vous, mon oncle ?

LE CARDINAL DE GUISE.

Je ne la connais pas.

LA DUCHESSE, à Pélevé.

Ni vous, M. Pélevé?

PÉLEVÉ.

Non, madame.

D'AUMALE, avec impatience.

Veuillez vous expliquer.

LA DUCHESSE.

Vous allez encore sans doute traiter cette crainte de chimérique; mais..... ne serait-il pas possible que ce billet fût supposé et qu'il couvrît un piège tendu pour perdre mon malheureux époux?..... Dieu! cette pensée me fait frémir!

D'AUMALE.

En vérité, ma nièce, vous êtes terriblement ingénieuse à vous tourmenter.

LE CARDINAL DE GUISE.

Pour admettre cette possibilité, il faudrait d'abord que nos ennemis eussent appris notre retour à Paris; ensuite, ce qui est beaucoup plus difficile, qu'ils eussent découvert le secret de nos intelligences avec la cour, et dans ce cas-là même, la voix du danger parlerait plus haut que celle de la vengeance.

LA DUCHESSE.

Et cette cour, croyez-vous que, effrayée des menaces des calvinistes, elle hésiterait à nous sacrifier?.....

9

D'AUMALE, se levant.

Je crois, ma nièce, que la peur peut tout imaginer; et pour couper court à toutes vos tristes conjectures, je vais au-devant de Henri, que je vous ramènerai, avant peu. (A part.) Éloignons-nous vite. On dit que la peur est un mal contagieux..... Il faut convenir aussi que l'absence du duc commence à se prolonger.

(Il va pour sortir, lorsque la porte de l'appartement s'ouvre, et Guise, enveloppé dans un manteau, entre précipitamment.)

LA DUCHESSE vole dans ses bras en s'écriant :

Ah! mon ami!.....

GUISE l'embrasse ; puis la regardant attentivement.

Qu'as-tu donc? pourquoi ces larmes?

D'AUMALE.

Sa tendresse inquiète avait rêvé des dangers pour toi ; j'avais vainement essayé de calmer ses frayeurs : il était temps que tu revinsses. (Riant.) Louis et Pélevé, qui affectaient une contenance tranquille, n'étaient pas trop rassurés ; je t'avouerai que le soupçon commençait à se glisser dans mon esprit, et j'allais à ta rencontre quand tu es entré.

GUISE , à la duchesse.

Sèche tes pleurs, ce n'est pas toi qui dois en verser aujourd'hui. (A ses oncles et à Pélevé :) Mes amis,...

vous allez apprendre combien vos pressentimens étaient trompeurs. Écoutez-moi :

(Tous les assistans se rapprochent de Guise qui continue en ces termes:)

Dans un conseil qui vient d'être tenu entre les principaux chefs catholiques , le massacre de tous les huguenots vient d'être résolu pour cette nuit même. C'était pour m'en confier l'exécution que le roi m'a mandé auprès de lui.

D'AUMALE , avec joie.

Vive Dieu et Notre-Dame de Nanci! Fils de Lorraine , réjouissez-vous !..... enfin nos beaux jours vont renaître!

LE CARDINAL DE GUISE.

Enfin le chef des catholiques est armé du glaive qui doit assurer notre triomphe et celui de l'é-glise romaine.

GUISE , avec chaleur.

O mon père, tu vas être vengé! dans le grand sacrifice qui se prépare, le premier sang qui sera répandu sera celui de Coligny. Le cadavre de ton assassin, de celui qui abaissa la splendeur de ta maison , sera le premier degré de l'élévation où j'aspire (1).

____

(1) Le pape et les princes de Lorraine s'entendaient pour donner le trône de France au duc de Guise : celui-ci, dans

LA DUCHESSE.

Henri, prends garde, la mission que tu as acceptée est entourée de périls.

GUISE.

Des périls!..... en connais-tu qui puissent m'arrêter : j'ai enfin trouvé l'occasion de satisfaire ma vengeance (1).

---

cette espérance, avait fait fabriquer une généalogie qui le faisait descendre en ligne droite de l'empereur Charlemagne.

(*Histoire de Paris.*)

(1) Au mois de février 1563, François de Guise fut assassiné devant Orléans, par Jean Poltrot, sieur de Méré, protestant fanatique. Ce meurtrier fut arrêté ; et, dans son premier interrogatoire, il accusa l'amiral de Coligny et Théodore de Bèze de lui avoir inspiré son crime. L'amiral repoussa cette accusation avec fierté, et demanda qu'on sursît à l'exécution du coupable pour que la vérité fût mise au grand jour. Cependant, Poltrot fut conduit au supplice sans délai. Ayant été appliqué auparavant à la question, il rétracta ses premières déclarations, et déchargea Coligny et de Bèze. Puis il les chargea de nouveau.   (DE THOU.)

Écoutons maintenant Brantôme « qui avoit esté (c'est lui « qui parle) serviteur de François de Guise et de sa maison, « et qui, lorsque ce seigneur fut tué, portoit les armes pour « luy et pleura et regretta fort sa mort. »

« L'admiral fit une apologie respondant à toutes les dépositions de Poltrot. Là où plusieurs trouvèrent de grandes apparences en ses excuses qu'ils dirent estre bonnes. D'autres

LA DUCHESSE.

Regarde qui sert ta haine..... Médicis, travailler
à la fortune des Guise !.....

GUISE.

La nécessité; son intérêt l'y oblige.

LA DUCHESSE.

Mais elle renversera demain celui qu'elle élève
aujourd'hui.

---

les trouvèrent fort palliées ; et pour la meilleure et principale,
fut vérifié que le dit M. l'admiral avoit mandé et adverty
mon dit seigneur de Guise quelques jours auparavant, qu'il
se donnast de garde ; car il y avoit homme attitré pour le
tuer. Il s'excusa aussitost fort quand il envoya prier la reyne-
mère de ne faire mourir Poltrot qu'il ne fût premierement
acaré à luy et affronté pour le faire dédire des menteries qu'il
disoit de luy. »

Voici comment s'exprime un historien moderne très-digne
de foi :

« Doit-on mettre au nombre des problèmes politiques la
complicité d'un homme tel que Coligny avec l'assassin Poltrot? Je pense que l'histoire ne doit pas hésiter à l'en ab-
soudre. Il n'existe contre lui que la déclaration de l'assassin
lui-même au moment où il fut arrêté. Mais il est certain que
Poltrot se rétracta devant le président De Thou et confessa
s'être servi de ce moyen pour différer sa condamnation et se
ménager des chances éventuelles de salut. L'amiral de Coligny, quoiqu'il fût à la tête d'une armée, avait demandé un
sauf-conduit pour être confronté avec l'assassin. Une telle

GUISE.

Je sais que c'est la politique qu'elle a constamment suivie.

Tour à tour catholique et protestante suivant le besoin de son ambition, nous l'avons vue opposant sans cesse les partis les uns aux autres; caressant le vainqueur en protégeant le vaincu; éternel aliment de discorde, affermir son autorité par nos divisions intestines. Mais, peu m'importe, je méprise les artifices de Catherine.

LA DUCHESSE.

Si elle emprunte ton bras, c'est pour te perdre. Elle a dit : « Celui qui frappera sera frappé. »

---

demande prouve beaucoup, surtout lorsque des ennemis implacables ne l'accordent pas. Si l'on eût attendu de nouvelles preuves des aveux de Poltrot, on ne l'eût pas exécuté avec précipitation. »

Enfin, la vie antérieure de Coligny répond à cette accusation, et ce qu'il fit dans deux autres guerres civiles, la repousse encore mieux. On se rappelle les belles paroles de ce grand homme, après le combat de La Roche-Abeille : « Il « est honteux, s'écriait-il avec indignation, de se montrer « sans miséricorde envers ceux auxquels la première fureur « des armes a pardonné. »

Il disait au prince de Béarn (depuis Henri IV), après la victoire d'Arnay-le-Duc : « Ne me demandez pas si nous « avons pris beaucoup de canons, si nous avons tué beaucoup « d'hommes; ces hommes sont des Français.

GUISE, avec impatience.

Assez, Madame, ou vous me feriez croire que vous oubliez que dans notre famille nous n'avons jamais regardé le danger comme un obstacle à nos desseins.

LA DUCHESSE.

Je ne le sais que trop, M. le duc ; et c'est pour cela que je sollicite votre prudence.

LE CARDINAL DE GUISE.

Il en a donné des preuves, ma nièce, dans un âge qui ignore cette vertu, celui qui, à peine entré dans l'adolescence, recueillit l'héritage de François de Guise, et, malgré ses ennemis, traversa nos troubles civils, en soutenant avec honneur le fardeau d'un nom glorieux.

D'AUMALE.

Et n'est-ce pas, morbleu ! parce qu'il sut joindre, dans Poitiers, la sagesse d'un vieillard à la brillante valeur d'un jeune homme, que l'armée crut voir revivre en lui le défenseur de Metz ?

GUISE, à ses oncles.

Le peu que j'ai fait, c'est à vous que je le dois, mes amis. Mon père m'avait légué l'exemple de sa vie, vous m'avez dirigé dans une carrière où je marche d'un pas ferme, aidé que je suis de vos conseils et de votre expérience.

D'AUMALE.

Nous nous reposons sur toi; tu es notre avenir.

GUISE.

Je serais indigne de cette noble confiance, si je pouvais être le jouet de Médicis. En me proposant le meurtre de l'amiral, vous le savez, le roi satisfit au vœu le plus ardent de mon cœur. Cependant, je ne fus pas aveuglé par la vengeance, et je ne me chargeai de l'entreprise qu'après en avoir calculé les suites. Tandis que la cour comptait sur ces représailles pour soulever une tempête dans laquelle devaient s'engloutir les chefs des deux factions rivales du trône, je me disposais à éteindre la fureur de nos ennemis dans leur propre sang : mes émissaires, répandus dans Paris, semaient l'or, réchauffaient le zèle de nos partisans; et, ranimant la haine du peuple contre les huguenots, le préparaient à se lever à la voix du fils du martyr de la foi catholique.

Vous l'avez vu, un concours de circonstances extraordinaires a placé Catherine dans la position la plus difficile : il fallait sacrifier les Guise, et alors les calvinistes devenaient les maîtres du royaume, ou exécuter le projet de Bayonne (1);

----

(1) Le projet de se défaire de l'amiral de Coligny et des

et, par là, exposer son autorité en relevant le crédit d'une maison dont l'abaissement avait été l'objet constant de ses sourdes pratiques.

La démarche que nous avons faite ce matin au Louvre, nous a dévoilé les sentimens véritables de cette cour faible et perfide; car, pendant que le roi nous recevait en public avec un visage menaçant et sévère, sa mère nous faisait prier en secret de ne pas nous éloigner de Paris, et d'y rentrer à la nuit tombante. Et depuis, une seconde assemblée chez Coligny, dans laquelle on a agité la question de fuir, a déterminé la résolution que je viens de vous annoncer.

PÉLEVÉ.

Entre deux périls, que Médicis évite le plus imminent; qu'elle réclame notre secours pour terrasser un ennemi qui l'épouvante, je le conçois; mais pourquoi un massacre général?

GUISE.

Le duc d'Anjou, l'un des membres du conseil secret, vient de me l'apprendre. Pendant la déli-

---

principaux chefs des huguenots, conçu et médité au concile de Trente, en 1563, par le cardinal Charles de Lorraine; fut confirmé dans l'entrevue de Bayonne, en 1565, entre le roi Charles IX, la reine-mère et le duc d'Albe.

(Note des Mémoires de L'Estoile.)

bération, en proie à la terreur que lui inspirent les huguenots, le roi a long-temps lutté contre le sentiment unanime de ses conseillers, qui le pressaient de fixer à cette nuit le châtiment des coupables. Sa mère elle-même a éprouvé une résistance à laquelle elle n'était pas accoutumée; elle n'est parvenue à la vaincre qu'en persuadant à son fils que les Guise, chargés de l'exécution, passeraient pour les seuls auteurs du massacre, et en lui peignant sous les couleurs les plus sombres le sort que les rebelles lui destinaient, s'il reculait d'un instant sa vengeance. Alors, n'étant plus dominé par la peur, et reprenant son naturel, le roi prononça un arrêt général.

D'AUMALE.

Par la messe! l'élève a surpassé ses maîtres.

LE CARDINAL DE GUISE.

Il les a entraînés au-delà du but auquel ils voulaient atteindre.

GUISE.

Pour moi, je ne m'écarterai pas de celui que je me suis proposé :

Établir à jamais notre puissance sur la ruine du crédit de nos rivaux, mais non pas sur leur destruction totale; et faire trembler la cour avec les restes d'un parti dont la vengeance aura bientôt grossi les rangs.

D'AUMALE.

Tu y arriveras, à ce but tant désiré. L'or de Philippe, l'appui du Saint-Siège et la faveur du peuple, sont tes auxiliaires.

LE CARDINAL DE GUISE, à son neveu.

Ces ressorts sont humains; le ciel seul doit paraître t'inspirer : souviens-toi que le chef des catholiques ne peut être soutenu que par son zèle pour la sainte cause de Dieu.

GUISE.

Quant au vain projet de faire retomber sur nous les ressentimens que l'action va soulever, je saurai le déjouer.

Je veux aujourd'hui même mettre au grand jour la complicité du roi; et demain je le forcerai à se déclarer le seul auteur des massacres. (A la duchesse.) Maintenant tu dois être tranquille; tu vois que Henri de Guise n'est pas un instrument aveugle que Médicis peut employer et briser à son gré. (D'un ton plus doux.) Retire-toi dans ton appartement. Les émotions que tu as éprouvées dans la soirée doivent t'avoir rendu le repos nécessaire. Laisse-nous terminer les préparatifs de cette heureuse nuit, qui va me replacer bien près de ce trône que mes ancêtres ont glorieusement occupé.

LA DUCHESSE.

Adieu, Henri. N'oublie pas que mon existence est attachée à la tienne.....

GUISE.

N'oubliez pas non plus, Madame, que je suis le fils de François de Guise.

(Il embrasse la duchesse qui sort.)

GUISE, à ses oncles.

Maintenant, mes amis, voici les dispositions que j'ai faites en revenant du Louvre. Investi des pouvoirs les plus étendus, maître des troupes de Paris, je les distribue ainsi.....

SEZAC, entrant.

Monseigneur, les colonels que vous avez fait prévenir sont dans la salle voisine.

GUISE, à Sezac.

C'est bien. Attendez, Sezac; je vais les recevoir dans un instant. (Continuant à ses oncles.) Je les distribue ainsi : les Suisses occuperont.........

D'AUMALE, l'interrompant.

Nous nous en rapportons entièrement à toi. Nous savons que tu n'en es pas à ton apprentissage du métier de capitaine. Ne diffère pas à donner tes ordres.

GUISE, à Sezac.

Faites donc entrer ces messieurs.

(Sezac sort.)

LE CARDINAL DE GUISE.

D'Aumale a raison ; le temps presse........

GUISE.

Je crois avoir tout prévu.

(Entrent MM. d'O, de Nancay, de Sarlaboux, et autres colonels des gardes-françaises et des gardes-suisses. Guise va au-devant d'eux ; et, après avoir répondu à leur salut de la manière la plus gracieuse, il leur dit :)

Messieurs, le roi m'ordonne de vous apprendre qu'il vient de découvrir que les huguenots conspirent contre sa couronne et sa vie. Il a résolu de mettre, cette nuit même, un terme à leurs attentats, et il compte sur vos bras pour la punition des traîtres.

(Tous les colonels s'inclinent.)

NANÇAY.

Nos épées ne tiendront pas aux fourreaux pour la défense de Sa Majesté.

D'O.

Pour le soutien de son trône.

SARLABOUX.

Pour le maintien de notre sainte religion.

GUISE.

Le roi n'attendait pas moins, Messieurs, de votre fidélité à sa personne... Voici les ordres que Sa Majesté me charge de vous transmettre : les gardes-suisses occuperont les cours du Louvre,

avec défense expresse de laisser sortir aucun gentilhomme du roi de Navarre ni du prince de Condé;
Cosseins, qui garde la porte de l'hôtel Coligny,
a déjà reçu un ordre semblable pour les gens de
l'amiral. Les gardes-françaises seront placées devant le château. Les arquebusiers environneront
le quartier Bétisi. Enfin, les hallebardiers seront
répandus dans les rues, et postés devant les maisons habitées par les hérétiques, et partout,
main-basse sur les traîtres. La cloche de l'horloge du Palais donnera le signal.

Le temps est venu, Messieurs, d'en finir avec
Coligny, ce rebelle haï de Dieu et des hommes,
et d'exterminer tous ses partisans. La bête est
dans les toiles; ne la laissons pas échapper. Jamais
occasion si belle ne se présentera de détruire les
ennemis du royaume. La gloire des succès obte-
nus dans les guerres passées, qui ont coûté tant
de sang à la France, n'est rien en comparaison
de celle que vous allez acquérir aujourd'hui.

(En disant ces mots, Guise salue les colonels. Il serre la main à MM. de
Nancay et d'O; puis s'adressant à Sarlaboux.)

M. de Sarlaboux, je désire vous revoir : j'ai à
vous entretenir en particulier.

SARLABOUX.

Monseigneur, je vais faire occuper par mon régiment le poste que vous lui avez marqué; et je reviens à l'hôtel de Guise.

(Les colonels sortent. Entre Mancy.)

MANCY.

Monseigneur, le prévôt des marchands et les échevins attendent vos ordres.

GUISE.

Qu'ils entrent.

(Mancy introduit Jean Charron et les échevins.)

GUISE.

M. le prévôt et MM. les échevins, un complot, formé par les huguenots et dirigé contre le roi, la famille royale et les principaux catholiques, est sur le point d'éclater. Lasse de pardonner, Sa Majesté s'est enfin décidée à punir, et cette nuit même, l'extermination de ces impies doit arrêter à jamais leurs criminelles entreprises.

Connaissant votre dévouement à sa personne et votre attachement pour notre sainte religion, le roi est assuré que vos efforts et ceux des habitans de Paris seconderont sa justice.

(Le prévôt et les échevins immobiles gardent le silence.)

GUISE, les regardant avec hauteur.

Hé bien! mes maîtres, ne m'avez-vous pas entendu, ou mes paroles n'ont-elles pas mérité l'honneur de votre approbation?

JEAN CHARRON, avec le plus grand embarras.

Si, Monseigneur. Mais..... mais cette exécution nous paraît..... nous paraît.....

PREMIER ÉCHEVIN.

Présenter de grandes difficultés.

GUISE, froidement.

Et lesquelles, s'il vous plaît ?

JEAN CHARRON.

D'abord, Monseigneur, n'est-il pas à craindre que les calvinistes, qui sont presque tous hommes de guerre, ne fassent une défense désespérée dont les suites pourront être funestes aux habitans de cette ville.

GUISE.

Soyez à cet égard dans une entière sécurité. Les troupes du roi, qui en ce moment enveloppent nos ennemis de toutes parts, rendront la résistance impossible.

SECOND ÉCHEVIN.

Ensuite, Monseigneur, en appelant le peuple, au nom du roi et de la religion, au massacre des hérétiques, ne va-t-on pas ouvrir un champ vaste au crime et à la vengeance ? Nos vies, nos propriétés ne seront-elles pas à la merci d'un tas de scélérats qui n'attendent qu'un prétexte pour exercer leur fureur ? Qui nous garantira de ce danger ?

GUISE.

Vous-mêmes..... C'est en partie pour prévenir le désordre que vous êtes devant moi. Faites armer les compagnies bourgeoises ; et les habitans, tout en servant le roi, seront les gardiens de la tranquillité publique.

SECOND ÉCHEVIN.

Mais, Monseigneur, notre conscience.....

D'AUMALE, avec impétuosité.

Par Dieu ! c'est trop fort..... la conscience des boutiquiers !..... En vérité, Henri, j'admire ta patience..... (Se tournant vers les échevins.) Comment, drôles, vous osez résister aux ordres du roi ! (Se levant.) Hé bien ! moi, je vous déclare que je vais à l'instant trouver Sa Majesté, et que vous ne sortirez d'ici que pour être pendus par la gorge.

JEAN CHARRON, tremblant.

Arrêtez, M. le duc..... puisque vous le prenez là,..... nous vous jurons..... que vous en aurez nouvelles.

D'AUMALE.

Alors, c'est une autre affaire.

PREMIER ÉCHEVIN, tremblant.

Nous vous jurons d'y mener les mains à tort et à travers.

D'AUMALE.

A la bonne heure ; voilà qui est parler.

SECOND ÉCHEVIN, tremblant.

Nous vous jurons qu'il sera mémoire à jamais
de la fête Saint-Barthélemi, très-bien chômée.

D'AUMALE.

De mieux en mieux. Parbleu! je reconnais que
je vous avais mal jugés ; vous êtes d'honnêtes
échevins. (S'avançant vers Jean Charron.) Donnez-moi
votre main, M. le prévôt.

JEAN CHARRON, s'inclinant.

M. le duc, c'est trop d'honneur.

D'AUMALE.

Donnez, donnez, et vous aussi, MM. les éche-
vins. (D'Aumale serre la main au prévôt, puis aux échevins qui lui
font de profondes révérences, et il leur dit en souriant :) Par ma
foi! vous êtes de braves gens, j'aurais été fâché de
ne pas vous trouver raisonnables.

GUISE, aux échevins.

Le roi peut donc compter absolument sur vous.

TOUS.

Oui, Monseigneur.

GUISE.

Jean Charron, vous allez sur-le-champ en-
joindre aux capitaines des quartiers de faire armer
leurs compagnies, et de les conduire à minuit à
l'Hôtel-de-Ville. Alors seulement, ils connaîtront les
ordres du roi. Votre prédécesseur, Claude Marcel,
sera chargé de les haranguer. Jusque-là, le plus

grand silence sur ce que vous venez d'apprendre.

Allez; et souvenez-vous que si vous n'extermi-nez pas les hérétiques, le moindre malheur qui vous menace est la guerre; une guerre terrible qui aura pour résultat inévitable le pillage de vos biens et de vos propriétés, la ruine de votre pays et l'extinction du catholicisme.

(Le prévôt et les échevins sortent.)

D'AUMALE, riant.

Il faut avouer, Henri, que mon éloquence a été cette fois plus persuasive que la tienne.

GUISE.

Tu as eu recours à un terrible moyen oratoire. Quelle peur tu as faite à ces pauvres diables!

D'AUMALE.

Les momens sont précieux. Il fallait les guérir tout d'un coup de leurs scrupules de conscience.

GUISE.

Jamais cure ne fut ni plus prompte ni plus complète.

(Entre Claude Marcel.)

GUISE.

Soyez le bienvenu, maître Marcel. Admis dans la familiarité de la reine-mère, vous savez sans doute ce qui vous amène en ma présence.

MARCEL.

Oui, Monseigneur.

GUISE.

Je vais donc au fait. Voici la mission importante que je vous confie, certain que vous la remplirez avec l'adresse et l'activité dont vous avez donné tant de preuves.

MARCEL , s'inclinant.

J'espère que Monseigneur me trouvera cette nuit digne de la bonne opinion qu'il a conçue de moi.

GUISE.

Je n'en doute pas; écoutez-moi : vous vous rendrez à minuit à l'Hôtel-de-Ville où vous trouverez rassemblés, par les soins de Jean Charron, les capitaines des compagnies bourgeoises; vous leur déclarerez que le roi a permis qu'ils prissent les armes pour défendre sa personne royale contre les huguenots qui préparent une nouvelle trahison dont le but est de renverser le trône, de changer la forme du gouvernement, et de ne souffrir en France d'autre culte que celui de Calvin; et après avoir dit tout ce que vous croirez de plus propre à exalter les passions, vous ajouterez que Sa Majesté, voulant étouffer pour toujours la rébellion, a ordonné pour cette nuit même le massacre de Coligny et de ses partisans.

Les capitaines s'empareront ensuite de toutes les places publiques, et y attendront en silence le signal qui sera donné par l'horloge du Palais.

En attendant minuit, vour réunirez la populace dans les environs de l'Hôtel-de-Ville; vous aurez soin de la disperser çà et là, pour ne pas éveiller les soupçons..... Vous la haranguerez après le départ des capitaines..... Aimé, comme vous l'êtes, de cette partie du peuple, il vous sera facile d'enflammer sa fureur; alors vous lui distribuerez les armes que le prévôt a ordre de vous livrer.

MARCEL.

Monseigneur, au milieu de la confusion et des ténèbres, comment les catholiques se reconnaîtront-ils?

GUISE.

A des croix blanches, attachées au chapeau et sur les bras, que répandront des prêtres chargés de vous assister de leurs prédications.

MARCEL,

Et les maisons des huguenots, quel signe les distinguera?

GUISE.

Deux raies blanches en croix, tracées sur la porte. Pour éviter toute erreur fatale aux catholiques, ordre sera donné d'allumer des flambeaux à toutes les fenêtres au premier signal.

Allez, Marcel; et justifiez la haute confiance que je vous accorde.

MARCEL.

Monseigneur, je vais faire tous mes efforts pour
la mériter.

(Il s'incline et sort.)

GUISE.

Voilà qui va bien. Mais l'heure s'avance et Sarlaboux n'arrive pas. . . . . Cependant il faut que
j'aille chez le roi pour lui rendre compte de mes
préparatifs et prendre l'heure du signal...... Qui
peut l'arrêter?.....

D'AUMALE.

Je vais charger Sézac d'aller s'informer de la
cause de ce retard. (Après un moment de silence.) Non, je
le ferai moi-même; je visiterai ensuite les postes,
je verrai si tes ordres s'exécutent avec prompt-
titude.

(D'Aumale va pour sortir.)

GUISE, le retenant.

Tu diras à Sarlaboux d'aller m'attendre devant
le jeu de paume du Louvre, où Besme, Attin et
Pétrucci le rejoindront bientôt. C'est là que je
leur donnerai mes dernières instructions.

(D'Aumale sort.)

LE CARDINAL DE GUISE.

Je vais de ce pas à l'ambassade d'Espagne.

GUISE.

Je vous promets, mon oncle, un excellent accueil.

(A Pélevé.)

M. Pélevé, je crois que vous feriez bien de tenir un courrier prêt à partir pour Rome, à la pointe du jour.

PÉLEVÉ.

Oui, Monseigneur, voilà bien de bonnes nouvelles pour M. le cardinal de Lorraine.

(Ils sortent.)

SCÈNE VII.

PERSONNAGES.

CHARLES IX.

Catherine DE MÉDICIS.

Marguerite DE VALOIS, reine de Navarre, } ses filles.
Claude DE FRANCE, duchesse de Lorraine, }

Henri DE VALOIS, duc d'Anjou.

François DE MARCILLAC, comte de La Rochefoucauld, chef protestant.

GONDI.

TAVANNES.

SCÈNE VII.

Palais du Louvre ; salle dite de Médicis.

A l'une des extrémités de cette vaste pièce, le roi se pro—
mène en silence. Le maréchal de Retz marche à côté de lui.

A l'autre extrémité, Catherine s'entretient avec la reine
de Navarre et avec la duchesse de Lorraine.

Près de la porte principale, le duc d'Anjou, La Rochefoucauld et Tavannes sont debout. Ils paraissent sur le point de
se retirer. On est à la fin du cercle.

D'ANJOU, à La Rochefoucauld.

Allez-vous seul demain à Villepreux ?

LA ROCHEFOUCAULD.

Marcillac (1) et son précepteur Lacoste m'ac-

---

(1) Marcillac était fils unique du comte de La Rochefoucauld.

compagneront. Venez avec nous, M. le duc; nous ferons de cette promenade une partie de plaisir. Foi de gentilhomme! vous verrez les plus beaux chevaux du monde.

D'ANJOU.

En avez-vous amené beaucoup?

LA ROCHEFOUCAULD.

Seulement vingt-cinq; mais c'est l'élite de mes écuries de Verteuil.

D'ANJOU.

A quelle heure partez-vous?

LA ROCHEFOUCAULD.

De grand matin. Cependant, comme j'ai rarement vu le lever du soleil.....

D'ANJOU, souriant.

Vous ne pouvez répondre de le voir demain.

LA ROCHEFOUCAULD, souriant.

Je n'oserais....... Nous partirons le plus tôt possible.

D'ANJOU.

Vous n'oublierez pas qu'il y a demain fête à la cour.

LA ROCHEFOUCAULD.

Non sans doute. Nous serons de retour de bonne heure..... Mais vous ne me dites pas, M. le duc, si nous devons compter demain sur l'honneur de votre compagnie?

D'ANJOU.

Je serai de la partie.

LA ROCHEFOUCAULD, à Tavannes.

Et vous, M. le maréchal?

TAVANNES.

Moi aussi.

LA ROCHEFOUCAULD.

Je le répète, vous verrez les chevaux les plus
rares. Entre autres, un courtaud qui n'eut jamais
son pareil; je vous réponds que le fameux *Legrec*,
dont me fit présent Henri II, ne le valait pas.

TAVANNES.

Est-il plus beau que *Marc*, ce genet si renommé
que vous achetâtes à un reitre, qui l'avait pris
au duc de Guise à la bataille de Dreux?

LA ROCHEFOUCAULD.

Oui, vraiment, je le crois.

TAVANNES.

Comment est-il donc? car le duc était grand
connaisseur, et vous savez qu'il attachait un grand
prix à ce cheval. Si j'ai bonne mémoire, il vous
offrit, pour la rançon de *Marc*, deux mille écus
de plus que vous ne l'aviez payé au reitre, et par-
dessus le marché la liberté du ministre Paroçeli,
aumônier du prince de Condé. Cependant vous
n'acceptâtes pas l'échange. Voilà, j'espère, qui

parle bien haut en faveur des mérites du coursier en question.

LA ROCHEFOUCAULD.

C'est une mauvaise plaisanterie, maréchal; vous ne pouvez ignorer la véritable cause de mon refus.

TAVANNES.

Toujours est-il que vous avez gardé le genet, et le duc ses deux mille écus et son ministre.

LA ROCHEFOUCAULD.

Comme il paraît que vous avez la mémoire aussi peu sûre que l'oreille (1), voici le fait: l'échange fut effectivement proposé, et si je ne

---

(1) La Rochefoucauld fait ici allusion à une rencontre qui avait eu lieu sur le quai du Louvre, entre Coligny et Tavannes, quelques jours auparavant.

Ils vont ensemble se promener hors de la ville : quand ils sont un peu éloignés, Coligny met la conversation sur la campagne de Flandre, s'emporte contre ceux qui s'y opposent et outrage personnellement Tavannes : « Quiconque, « lui dit-il d'un ton insultant, empesche la guerre d'Es- « pagne, n'est pas bon François et a une croix rouge dans le « ventre. » (La croix rouge distinguait les soldats de la maison d'Autriche.)

Étant un peu sourd, le maréchal feint de n'avoir entendu qu'à demi, répond qu'il n'appartient qu'au roi de décider une affaire de cette importance, et regagne Paris.

(Mémoires sur l'Histoire de France.)

l'acceptai pas, ce fut pour ne pas priver le prince de Condé, qui était prisonnier, des consolations religieuses de Paroceli.

D'ANJOU.

Le maréchal plaisante. Il n'a pas oublié que vous ajoutâtes gracieusement qu'à la paix vous rendriez de bon cœur le cheval au duc.

LA ROCHEFOUCAULD.

Je ne me souvenais plus de cette circonstance; je vous remercie, Monseigneur, de l'avoir rappelée..... Mais il est onze heures, il faut songer à la retraite. Je vais aller faire mes civilités au roi.

(A Tavannes.)

Sans rancune, maréchal. (Riant.) Vous serez toujours des nôtres?

TAVANNES.

Certainement, je serai de la partie.

(La Rochefoucauld s'avance vers le roi.)

LE ROI l'apercevant.

Foucauld, ne t'en-va pas; il est déjà tard; nous nous amuserons le reste de la nuit.

LA ROCHEFOUCAULD.

Oui-da, mon petit maître, il paraît que vous êtes ce soir en humeur de rire, et à mes dépens, sans doute. Est-ce pour me donner le fouet que vous voulez me retenir (1)?

____

(1) BRANTÔME.

LE ROI.

Si j'avais envie de faire cette folie, ne puis-je aller te trouver chez toi?

LA ROCHEFOUCAULD riant.

Chez moi, Sire..... c'est bien différent. Je suis à l'abri d'une surprise.

LE ROI.

Foucauld, ne t'en-va pas, te dis-je?

LA ROCHEFOUCAULD.

Cela ne se peut, car il faut se coucher et dormir.

LE ROI.

Tu coucheras avec mes valets de chambre.

LA ROCHEFOUCAULD, souriant.

On peut trouver meilleure compagnie. Adieu donc, mon petit maître.

(La Rochefoucauld salue le roi et sort en riant (1).)

LE ROI, après avoir suivi des yeux le comte jusqu'à sa sortie.

Vous avez entendu, Messieurs, que je lui ai dit deux fois de ne pas bouger.

---

(1) Enfin le dit comte de La Rochefoucauld s'en alla, et quand le matin on vint pour rompre et fouler la porte de sa chambre pour le tuer, pensant que ce fust le roy qui le vînt fouëter, il se leva et s'habilla aussitost et cryant: « ce sont « des jeux du feu roy vostre père. Vous ne m'y attraperez « pas; car je suis tout chaussé et vestu. » Et ayant commandé qu'on ouvrist, il fust ainsi tué, en pensant à un autre jeu.

(BRANTÔME.)

GONDI.

Sire, vous lui en avez trop dit; votre clémence m'a fait trembler.

LE ROI.

Son esprit me plaisait; je le regardais d'ailleurs comme peu dangereux.

TAVANNES.

Il a **un** grand crédit parmi les huguenots.

D'ANJOU.

Il peut soulever tout l'Angoumois, où il a des possessions immenses.

GONDI.

Votre bonté, Sire, vous a fait oublier le soin de votre sûreté; c'était un serpent que vous auriez réchauffé.

TAVANNES.

Il aurait aspiré demain à remplacer Coligny.

LE ROI.

Je vois bien que Dieu veut sa mort.

GONDI.

Dieu lit au fond des cœurs; il a frappé le traître d'un aveuglement qui l'a empêché de comprendre l'avertissement que Votre Majesté vient de lui donner.

LE ROI.

C'est vrai........ J'ai trop écouté ma première impulsion. .... J'ai eu tort....... Qu'il n'en soit plus question. (Après quelques instans de silence.) Qu'on fasse chercher à l'instant Ambroise Paré et ma nourrice, et qu'on les conduise dans le cabinet voisin de ma chambre (1).

D'ANJOU.

Je vais donner l'ordre....

LE ROI.

Non.... (A Tavannes.) Maréchal, faites exécuter ma volonté.   (Tavannes sort.)

---

(1) Charles IX sauva sa nourrice et M° Ambroise Paré, son premier chirurgien, qui étaient protestans. « Il envoya quérir Ambroise, et le fit venir le soir dans sa chambre et garde-robe, luy commandant de n'en bouger : et disoit qu'il n'estoit raisonnable qu'un qui pouvoit servir à tout un petit monde, fust ainsi massacré, et si ne le pressa point de changer de religion, non plus que sa nourrice, laquelle il aimoit si fort, qu'il ne luy refusa rien : la priant pourtant tousjours de reprendre la religion catholique sans la presser ny contraindre autrement; ce qu'elle fit après la Saint-Barthélemy, dont il eut une joie extresme et le disoit à tout le monde ; mais ce qu'elle en fist, ce fust plus pour lui complaire que pour zèle. Car, après sa mort, elle s'en sentoit encore, et sçai bien ce qu'elle m'en disoit un jour à part. »

(BRANTÔME.)

Charles IX ne pouvait se passer d'Ambroise Paré depuis son voyage de Vitry, dont il lui restait un vieux mal qui se réveillait tous les printemps. . . .

(Mémoires de l'Estat de France sous Charles IX.)

Je veux avoir la liste de tous les huguenots
qui sont dans le Louvre. (A Gondi.) Tu vas me l'apporter.

(Sort le roi suivi de Gondi.)

(Aussitôt le duc d'Anjou s'empresse de rejoindre sa mère qui vient à sa
rencontre.)

D'ANJOU.

Avez-vous entendu?

CATHERINE.

Non. Qu'a-t-il dit?

D'ANJOU.

Il a voulu retenir son cher Foucauld.

CATHERINE.

Pour le sauver?

D'ANJOU.

Mais, oui.

CATHERINE.

Quelle imprudence!

D'ANJOU.

Par grace singulière, le favori avait un rendez-
vous qui ne lui a pas permis d'accepter un lit au
Louvre.

CATHERINE.

A qui devons-nous cet important service?

D'ANJOU.

Celle qui le rend ignore ce qu'elle fait pour
nous.

CATHERINE.

Son nom?

D'ANJOU.

La princesse douairière de Condé (1).

CATHERINE.

C'est vraiment un coup du sort....., il est pour
nous d'un bien heureux augure....... Mais, votre
frère a-t-il vu partir La Rochefoucauld avec regret?

D'ANJOU.

Il faut rendre justice au maître; quand il a re-
connu qu'il n'aurait pu sauver son favori sans danger, il n'y a plus pensé que pour se reprocher
d'en avoir eu l'intention.

CATHERINE.

Cependant ne le perdons pas de vue....... Dans
cette soirée je l'ai observé; il pouvait à peine dis-
simuler le trouble qui l'agite. Il faut donc vous
charger, mon cher Henri, de lui envoyer De
Losse..... Attendez....., je vais auparavant me débarrasser de la reine de Navarre. Je viens de com-

____

(1) Elle était fille de François d'Orléans, marquis de Ro-
thelin, et avait été mariée en 1565 avec Louis, premier
prince de Condé, tué, en 1569, à la bataille de Jarnac.
Cette princesse était fort galante.

                     (*Mémoires sur l'Histoire de France.*)

mettre une imprudence en la laissant seule avec sa sœur qu'on a eu grand tort d'instruire de nos projets (1). (Se tournant vers la reine de Navarre.) Ma fille, il est temps de vous retirer.

(La reine de Navarre se lève, fait une révérence à sa mère, et va embrasser la duchesse de Lorraine, qui la retient par le bras en pleurant.)

LA REINE DE NAVARRE.

Qu'avez-vous donc?

LA DUCHESSE DE LORRAINE.

Mon Dieu! ma sœur, n'y allez pas.

LA REINE DE NAVARRE, avec effroi.

Où donc? Que voulez-vous dire?

LA DUCHESSE DE LORRAINE.

Mon Dieu! n'y allez pas.

(A ces mots, Catherine s'élance vers la duchesse, la prend par la main, l'entraîne à quelques pas, et lui dit à voix basse :)

CATHERINE.

Avez-vous envie de nous perdre tous; dites un mot de plus.

LA DUCHESSE, bas à sa mère.

Mais, ma mère, c'est la sacrifier.

-----

(1) Les huguenots me tenoient suspecte, parce que j'étois catholique, et les catholiques parce que j'avois épousé le roi de Navarre qui étoit huguenot; de sorte que personne ne me disoit rien de tout ceci.

(*Mémoires de Marguerite de Valois.*)

CATHERINE.

Elle n'a rien à craindre.

LA DUCHESSE DE LORRAINE.

S'ils découvrent quelque chose, ils se venge-
ront sur elle.

CATHERINE.

Que voulez-vous qu'ils lui fassent?

LA DUCHESSE DE LORRAINE.

Hélas! ils la tueront.

CATHERINE, froidement.

S'il plaît à Dieu, elle n'aura point de mal; quoi
qu'il en soit, je veux qu'elle y aille, de peur de réveiller leurs soupçons. (A la reine de Navarre d'un ton im-
périeux.) Faut-il vous répéter qu'il est temps de vous
retirer?

(Marguerite de Valois, tremblante pendant cette scène, se dirige lentement vers la porte. Sa sœur court après elle, se jette à son cou, la
tient étroitement embrassée pendant quelques minutes; puis elle lui dit
en sanglotant :)

LA DUCHESSE DE LORRAINE.

Adieu, ma sœur!

(La reine de Navarre, stupéfaite, va de nouveau interroger la duchesse
sur la cause de sa douleur, lorsqu'un regard de sa mère lui ferme la
bouche. Elle sort (1).)

---

(1) Et moy je m'en allay toute transie et éperdue, sans
me pouvoir imaginer ce que j'avois à craindre. Soudain que
je fus en mon cabinet, je me mis à prier Dieu qu'il luy plust

CATHERINE , à d'Anjou.

Vous voyez que nous avons bien des motifs
d'accélérer le dénouement... Chargez-vous donc,
mon cher Henri, d'envoyer à l'instant De Losse
chez le roi pour lui faire signer les lettres aux
gouverneurs; Birague doit les avoir préparées.—
Nous nous occuperons ensuite de précipiter le
signal. Revenez vite.

D'ANJOU.

Vous ne m'attendrez pas long-temps.

(D'Anjou sort.)

CATHERINE, à la Duchesse.

Vous, ma fille, vous garderez votre apparte_
ment. Je veux me mettre à l'abri des accès d'une
sensibilité bien extraordinaire. Vous tremblez
pour la vie d'une sœur qui n'est pas en péril, et
vous ne craignez pas de trahir un secret dont la
connaissance doit entraîner la perte de toute votre
famille, celle de la France et la ruine de notre
sainte religion. Suivez-moi.

(Sort Catherine, la duchesse de Lorraine la suit en pleurant.)

---

me prendre en sa protection, et qu'il me gardast, sans sçavoir
de quoy ny de quy. (*Mémoires de Marguerite de Valois.*)

SCÈNE VIII.

PERSONNAGES.

CHARLES IX.
Catherine DE MÉDICIS.
Henri duc d'ANJOU.
Le chevalier D'ANGOULÊME.
Henri , duc DE GUISE.
GONDI.
NEVERS.
TAVANNES.
BIRAGUE.
D'O.
NANÇAY,

SCÈNE VIII.

DIMANCHE 24 AOUT 1572. MINUIT 1/2.

Chambre du roi, au Louvre. Le roi, dans une immobilité complète, est assis devant une table couverte de lettres. Debout, derrière lui, De Losse, gentilhomme de la chambre, paraît attendre les ordres de Sa Majesté. La porte s'ouvre; et sur le seuil s'arrêtent la reine-mère et le duc d'Anjou. Ils considèrent quelques instans le roi, et se communiquent à voix basse leurs observations. Puis, Catherine s'approche de son fils, et lui touche légèrement l'épaule. Comme éveillé en sursaut, Charles IX se lève, regarde sa mère; et, manifestant tous les signes de la frayeur, il s'écrie (1) :

LE ROI.

Hé bien! Madame, quoi! qu'y a-t-il? sommes-nous découverts?

---

(1) L'abbé PÉRAN, D'AUBIGNÉ.

CATHERINE.

Non, mon fils; mais il faut prévenir ce malheur.

LE ROI.

Comment....! Auraient-ils des soupçons?

CATHERINE.

On a tout fait pour leur dérober la connaissance
de nos dernières dispositions; cependant.....

LE ROI, vivement.

Vous ne répondez de rien.

CATHERINE.

Le puis-je, lorsque notre secret se trouve dans
tant de mains?

LE ROI, marchant à grands pas.

Horrible inquiétude!....

CATHERINE.

Un mot de votre bouche peut la faire cesser.
Donnez le signal de l'extermination des rebelles.

LE ROI, s'arrêtant.

Je n'en ferai rien..... avant d'avoir la certitude
que nous n'avons à craindre ni leur résistance ni
leur fuite.

CATHERINE.

Hors les dangers du retard, Henri de Guise a
tout prévu.

LE ROI, tournant le dos à sa mère.

C'est ce qu'il m'apprendra lui-même.

CATHERINE à De Losse.

Avertissez le duc; qu'il vienne sur-le-champ.

(De Losse va pour sortir; le duc d'Anjou le retient, rassemble les lettres
qui sont sur la table, et les montrant au roi:)

Votre Majesté ne veut-elle pas qu'on fasse partir
ces lettres?

LE ROI, brusquement.

Non..... Plus tard..... nous verrons.

(De Losse sort, et le duc d'Anjou jette avec humeur, sur la table, le
paquet de lettres qu'il tenait à la main.)

CATHERINE, au roi.

Mais, mon fils, songez que différer l'expédition
de ces ordres, c'est mettre vos gouverneurs dans
l'impossibilité d'y obéir; c'est compromettre
cette unité d'action de laquelle le succès va dé-
pendre.

LE ROI, avec impatience.

Encore une fois, Madame, elles partiront plus
tard..... rien ne presse...... Je veux auparavant
prendre encore l'avis de mon conseil; (D'une voix
sombre. l'affaire, je crois, en vaut bien la peine.

(En disant ces mots, le roi se rassied et retombe dans la stupeur où il était
à l'arrivée de sa mère.—La reine, troublée, conduit le duc d'Anjou au
fond de la chambre, où elle lui dit à voix basse :

La situation de votre frère m'épouvante. Courez
rassembler les membres du conseil; et surtout
dites-leur bien que dans l'état d'irrésolution et de

terreur où se trouve le roi, la moindre hésitation
de leur part peut tout perdre.

(D'Anjou sort.)

(Catherine se promène dans une grande agitation. Elle paraît prier men-
talement; après avoir fait à plusieurs reprises le signe de la croix, elle
tire de son sein un reliquaire qu'elle baise avec transport, en laissant
échapper ces mots entrecoupés :)

Jésus ! mon Jésus !.... L'extermination des rebelles..... Mon Sauveur, ayez pitié de moi.

(Entre Guise.— Catherine lui montre son fils en silence. Le duc lui répond par un geste d'intelligence ; et, s'avançant vers le roi :)

GUISE.

Sire, je me rends à vos ordres.

LE ROI levant les yeux, et les arrêtant sur le duc.

Mon cousin, ai-je eu tort de vous confier le soin
de préparer ma vengeance ?

GUISE.

Sire, les faits répondent pour moi : tout est
prêt.

CATHERINE.

Nous n'en pouvions douter, M. le duc; servir
le roi, c'est venger votre père.

GUISE.

Je le sais, Madame; vos ennemis et les miens
apprendront avant peu que je ne l'ai pas oublié.

(Entrent d'Anjou, d'Angoulême, Nevers, Gondi, Tavannes et
Birague (1).)

———————————————

(1) D'Aubigné.

CATHÉRINE.

Maintenant que M. de Guise vient de donner au roi l'assurance qu'il a pris toutes les mesures qui peuvent garantir la réussite de notre entreprise, il nous reste à examiner quelle est l'heure la plus favorable pour en commencer l'exécution.

GONDI.

L'heure la plus favorable est la moins éloignée.

D'ANGOULÊME.

Frappons sans délai.

D'ANJOU.

Surpris et sans défense, que les traîtres passent des bras du sommeil dans ceux de la mort.

BIRAGUE.

Chaque instant de retard est pour eux une chance de se soustraire à nos coups.

GUISE.

Ou du moins de le tenter.

TAVANNES.

Vous ne leur enlèverez pas (1) cette chance en les attaquant sur-le-champ, parce qu'il est impossible qu'au milieu du trouble et du désordre de l'action un grand nombre ne parviennent pas à s'échapper, protégés par les ténèbres ou par des

____

(1) L'abbé PÉRAU.

déguisemens que dans la nuit nous ne pourrons reconnaître. Tandis qu'en différant de quelques heures un signal que rien ne nous oblige de précipiter, à présent que nous tenons nos ennemis en notre pouvoir, le point du jour, éclairant le massacre, nous permettra de le rendre général.

CATHERINE.

Mais, maréchal, le conseil que vous donnez.....

LE ROI, l'interrompant brusquement.

Est le seul qu'il faut suivre..... Je veux qu'on attende le point du jour.

(Silence pendant lequel Catherine jette des regards irrités sur Tavannes,
qui ne paraît pas s'en apercevoir.)

CATHERINE.

Puisque le roi décide qu'on peut sans imprudence reculer le signal, diminuons au moins les périls de ce retard, en redoublant d'activité et de surveillance, afin de connaître tous les mouvemens des hérétiques et de les empêcher, au premier signe, de tromper notre vengeance ou d'armer leur désespoir. Ne pensez-vous pas comme moi, mon fils?

(Le roi fait un mouvement affirmatif.)

CATHERINE, à Tavannes.

M. le maréchal, chargez-vous de cette importante commission. (Avec une intention marquée.) Celui qui a donné le conseil doit en prévenir les fatales conséquences.

(Tavannes sort.)

CATHERINE, continuant.

Profitons des longues heures qui nous séparent du moment de la justice, pour fixer l'ordre qu'on observera dans l'exécution. Les membres de cette assemblée vont se distribuer les quartiers de Paris, et chacun présidera dans celui qui lui sera assigné.

GUISE.

Le quartier de l'amiral, le poste le plus périlleux, est celui que j'ai le droit de réclamer.

CATHERINE.

Oui, M. le duc, ce quartier vous est réservé. Cependant, comme il renferme la plus grande partie des chefs rebelles, d'Angoulême et Tavannes vous prêteront leur secours. — Vient ensuite le faubourg Saint-Germain, ce réceptacle de tout ce qu'il y a de plus impur dans l'hérésie ; qui se chargera de l'investir, et d'arrêter la fuite des brigands qu'il recèle?

NEVERS.

Avec cinq cents cavaliers déterminés, je me fais fort de tenir tête aux fuyards, et de les livrer à la fureur du peuple.

12

LE ROI, *vivement.*

Non, non,..... duc de Nevers, vous ne quitterez pas ma personne (1). (A part.) Il pourrait avertir le prince de Condé, son beau-frère; peut-être il pourrait fuir avec lui.

NEVERS.

Sire, laissez-moi cette occasion de vous prouver combien je suis reconnaissant de la grace que vous avez daigné m'accorder.

LE ROI, *d'un ton rude.*

Ne m'avez-vous pas entendu?..... (Après un instant de silence.) Dans le trouble affreux qui se prépare, je veux avoir auprès de moi quelqu'un qui me défende au besoin. C'est de vous que j'ai fait choix, duc de Nevers... C'est à vous que je confie la garde de votre roi. (A part.) Cette insistance me paraît extraordinaire... Suis-je donc entouré de traîtres!...

GUISE.

En attendant que je me rende moi-même dans le faubourg Saint-Germain, je puis, avec l'agrément de Votre Majesté, donner l'ordre à Marcel d'y envoyer mille hommes des compagnies bourgeoises, sous le commandement de Laurent de Maugiron (2).

---

(1) L'abbé PÉRAU.

(2) DE THOU.

CATHERINE, à Guise.

Peut-on compter sur ce Maugiron ?

D'ANJOU, avec empressement.

C'est un jeune homme d'une valeur éprouvée ;
je réponds.....

LE ROI, l'interrompant.

On ne vous interroge pas....... Duc de Guise,
parlez : êtes-vous sûr de la fidélité de celui que
vous m'offrez ?

GUISE.

Sans cela, je ne l'aurais pas proposé à Votre
Majesté.

LE ROI, d'une voix sombre.

C'est qu'aujourd'hui, mon cousin, cette vertu,
que tout le monde a sur les lèvres, est dans le
cœur de bien peu de gens.

(Entre d'O.)

D'O.

Sire, mon devoir m'oblige de communiquer
sur-le-champ à Votre Majesté l'avis important que
je reçois : Cosseins me fait dire que les huguenots
commencent à manifester de vives inquiétudes. Il
vient de repousser plusieurs de leurs gens qui
voulaient pénétrer en armes au logis de l'amiral ;
et il craint d'être dans la nécessité de recourir à
la force avant le signal.

LE ROI , *dans une extrême agitation.*

Qu'il s'en garde bien!... ou par le sang-Dieu!...
sa tête sera le prix de sa désobéissance.

CATHERINE.

Mais, mon fils, vous mettez Cosseins dans la
position la plus difficile; car si on l'attaque.......

LE ROI , *brusquement.*

On ne l'attaquera pas..... Il faut mettre un frein
à la violence de cet homme..... Allez d'O; qu'il
connaisse ma volonté. (D'O sort. Avec volubilité à Gondi.)
Gondi , prenez avec vous Nancay et Rambouillet;
et avisez ensemble aux moyens de calmer les soupçons de nos ennemis..... Répétez-leur que les préparatifs qui les effraient sont destinés à une fête.....
Dites-leur que je veille sur eux..... Dites-leur de
ma part..... dites-leur enfin ,..... tout ce que vous
pourrez imaginer pour les rassurer.

(Gondi se dispose à obéir, lorsqu'on entend un grand tumulte s'élever au
dehors. Le roi frémit. Tous les assistans prêtent l'oreille. Profond
silence.)

CATHERINE , *avec effroi.*

Que signifie ce bruit?

Gondi s'élance à la fenètre , l'ouvre; et aussitôt l'appartement retentit
du cri:)

Mort aux huguenots !

(Le roi se lève. Il est en proie à toutes les angoisses de la terreur; son
visage est couvert d'une pâleur mortelle; une sueur froide coule de

son front ; son corps est agité d'un tremblement convulsif. Il promène
quelque temps des regards farouches sur ses conseillers rassemblés autour de lui ; puis il leur dit avec un accent terrible :)

Malheur à celui qui a eu l'audace de devancer
mes ordres !

NANCAY, entrant précipitamment.

Sire, réveillés par les mouvemens extraordinaires
qui ont lieu aux environs du Louvre, les huguenots se sont approchés des sentinelles pour en
connaître la cause ; repoussés, ils se sont répandus en menaces ; et vos gardes les ont massacrés.

LE ROI, avec une explosion de fureur.

Mort et damnation ! je suis trahi !.....

NANCAY.

Sire, nous ne pouvions prévoir.....

LE ROI.

Taisez-vous........... Vous deviez prévenir cette
émeute. Je vous rends responsable, vous et tous
les mestres-de-camp de mes gardes, des malheurs
qui peuvent en être la suite.

CATHERINE, vivement.

Vous le voyez, mon fils, les circonstances nous
entraînent : on ne peut plus contenir l'ardeur
des troupes..... Hâtez-vous d'arrêter des désordres
dont nous aurons à nous repentir.

(Le roi garde un morne silence.)

CATHERINE, avec véhémence.

Quoi ! mon fils, vous n'osez vous défaire de

gens qui ont si peu ménagé votre autorité! Quoi! vous refusez l'occasion que Dieu vous offre de détruire vos ennemis et les siens! Quoi! ne vaut-il pas mieux déchirer ses membres pourris que le sein de l'Église, épouse de notre Seigneur (1).

Rappelez votre courage. Prononcez à l'instant le signal de l'extermination des traîtres. Songez qu'ils ne craindront pas demain........., tout à l'heure......, de venir dans ce palais même déposer leur roi; et qui sait? l'assassiner peut-être!.....

LE ROI, avec colère à sa mère.

Par la mort-Dieu! qui a pu vous faire croire, Madame, qu'un sentiment de crainte m'arrêtât? Tout en reconnaissant la nécessité, la justice du châtiment, il m'était bien permis d'en calculer les résultats, sans vous donner le droit de suspecter mon courage. (D'une voix sombre et avec interruption.) Après ce qui vient de se passer....., il n'est plus temps d'écouter la prudence..... Il faut agir..... (Avec effort.), Qu'on fasse donc sonner le tocsin....... (Après une pause, avec angoisse.) Qu'on se hâte....... (A part.) Je ne puis supporter plus long-temps le supplice que j'endure.

---

(1) D'Aubigné.

(En disant ces mots, le roi retombe dans son fauteuil. Tous les assistans
se pressent autour de la reine-mère.)

CATHERINE, bas à Gondi.

Il n'y a pas un moment à perdre..... Courez,
Gondi.

GONDI, bas à Catherine.

Je vole au Palais de Justice.

CATHERINE, bas à Gondi.

Non, non..... à Saint-Germain-l'Auxerrois (1).
Le roi peut changer d'avis ; prévenons un contre-
ordre.

GONDI, sortant.

Dans quelques minutes vous n'aurez plus cette
crainte.

CATHERINE, à Guise et à d'Angoulême.

Allez, mes amis, allez venger vos injures ; et
rappelez sans cesse aux catholiques qu'en extir-
pant cette nuit l'hérésie, leurs mains vont affermir
à jamais la religion et le trône.

(Guise et d'Angoulême sortent.)

CATHERINE, à Birague en lui montrant les lettres qui sont sur le
bureau du roi.

Vous, Birague, prenez ces lettres, et expédiez-
les avec la plus grande diligence.

(Birague obéit et sort.)

---

(1) DE THOU.

(On entend le tocsin. Le roi tressaille. Sa mère se rapproche de
lui avec empressement, et lui dit :)

Mon fils, je vais dans mon oratoire appeler sur notre sainte entreprise la bénédiction divine. Ne me suivez-vous pas ?

LE ROI, la regardant fixement.

N'est-ce pas la cause de Dieu que nous servons ?

CATHERINE.

Oui, mon fils.

LE ROI, se levant avec impétuosité.

Pourquoi donc des prières ?..... C'est du sang, du sang qu'il faut lui offrir.

(Il sort à pas précipités, suivi de sa mère, et des ducs d'Anjou et
de Nevers.)

SCÈNE IX.

PERSONNAGES.

COLIGNY.

TÉLIGNY, son gendre.

CORNATON, capitaine protestant.

MERLIN, ministre protestant.

LABONE, gentilhomme de l'amiral.

MUSS, domestique de confiance de l'amiral.

Henri duc de GUISE.

Claude DE LORRAINE, duc d'Aumale.

Henri D'ANGOULÊME.

TAVANNES.

DE SÉZAC, aide-de-camp de Henri de Guise.

COSSEINS,

SARLABOUX,

PÉTRUCCI,

ATTIN, capitaine,

BÊME (Charles Dianowits, dit Bême, parce qu'il était de la Bohême; ancien domestique du cardinal de Guise.

Agens du duc de Guise.

Jean FÉRIER, avocat, capitaine de Paris, agent de Philippe II.

Thomas CRUCÉ, tireur d'or.

Nicolas PEZOU, boucher, capitaine de Paris.

René BIANCHI, dit maître René, parfumeur, agent de la reine-mère.

SIMON.

DOMESTIQUES DE L'AMIRAL.

ARQUEBUSIERS DU ROI.

PEUPLE.

SCÈNE IX.

DIMANCHE 24 AOUT 1572. 2 HEURES DU MATIN.

Rue Bétisi, devant l'hôtel de l'amiral.

Le tocsin sonne. La rue est éclairée par des flambeaux placés aux fenêtres de distance en distance. Des hommes armés paraissent sur le seuil des maisons. On entend des cris épars et lointains. Il règne une agitation, prélude ordinaire d'un grand événement.

Un détachement d'arquebusiers du roi est en bataille devant l'hôtel Coligny. Cosseins est en tête.

COSSEINS, à demi-voix à ses soldats.

Vive Dieu! mes enfans; voici les matines de la fête que nous allons chômer. Encore un instant, et vous pourrez vous en donner à cœur-joie. Mais....... des cavaliers s'avancent..... Attention (élevant la voix.) Qui vive?

GUISE, entrant.

Lorraine !

(Après lui, viennent d'Angoulême, d'Aumale, Tavannes, Bême, Sarla-
boux, Attin et Petrucci.)

COSSEINS, à ses soldats.

C'est Monseigneur ! J'étais sûr que celui-là ne fatiguerait pas notre patience. (Allant au-devant du duc et le saluant.) Monseigneur, je vais faire enfoncer la porte par mes soldats.

GUISE.

Non, mon ami. Que tout soit fait suivant les ordres du roi. Frappez, et demandez à entrer au nom de Sa Majesté. (Cosseins obéit.)

D'ANGOULÊME, riant, à Tavannes.

Sa Majesté huguenote va s'imaginer sans doute que le roi, son fils, a fait un mauvais rêve, et que, plein d'inquiétude, il n'a pu attendre le jour pour savoir des nouvelles de son père chéri.

(Il appuie sur ce dernier mot.)

TAVANNES, se penchant sur le pommeau de sa selle, et riant plus fort.

Et qu'il lui envoie une troupe de médecins.

D'AUMALE, riant.

Morbleu ! je réponds que ceux que nous lui amenons vont le guérir radicalement.

D'ANGOULÊME, à Tavannes.

Vous rappelez-vous, maréchal, l'air pénétré avec lequel notre petit maître lui disait hier :

(Il contrefait la voix du roi.)

« Tranquillisez-vous, mon père. Donnez-moi encore quelques jours pour m'ébattre, et je vous promets, foi de roi, de vous rendre content, vous et tous ceux de votre religion. »

TAVANNES.

Et les larmes qu'il pouvait à peine retenir en le recommandant à Ambroise et à Mazille. En vérité, il m'a étonné.

D'AUMALE.

Il fera honneur à Médicis.

D'ANGOULÊME.

Cependant, tout à l'heure nous avons eu une crise difficile à passer. L'état de stupeur et d'accablement dans lequel il est tombé à l'approche du dénouement nous a donné des craintes. Il paraissait être en proie à une lutte intérieure, et sentir quelque chose qui ressemblait au remords.

TAVANNES.

Bah! vous vous êtes tous mépris sur le sentiment qui le dominait : c'était la peur, la peur la plus forte. Mais une fois qu'il sera certain de n'avoir plus rien à craindre des huguenots, le naturel reprendra le dessus, et nous en serons satisfaits.

GUISE.

Silence! messieurs; on ouvre la porte.

LABONE, paraît un flambeau à la main.

Que demandez-vous (1) ?

COSSEINS.

C'est un message du roi pour M. l'amiral.

LABONE, se retournant et se disposant à fermer la porte.

Je vais avertir Monseigneur.

COSSEINS.

Nous t'épargnerons cette peine.

(Aussitôt Cosseins s'élance sur lui et le poignarde. Labone tombe mort sans pousser un cri.)

TAVANNES.

Vive la messe! Voilà un beau coup! Bien commencé, Cosseins.

GUISE, à Bême et à ses autres agens.

Bême, voici le moment. Mes amis, je compte sur vous. Allez, et soyez prompts dans l'exécution.

BÊME.

Monseigneur, dans quelques minutes votre ennemi aura vécu.

(Bême, Attin, Sarlaboux, Pétrucci, Cosseins et ses arquebusiers, se précipitent dans l'hôtel, et y pénètrent de vive force.

---

(1) DE THOU.

DIMANCHE 24 AOUT 1572. 2 HEURES DU MATIN.

Chambre de l'amiral.

Coligny est couché. Les douleurs que lui font éprouver ses blessures l'empêchent de dormir. Merlin, assis à son chevet, lui lit les saintes Écritures (1). Dans le fond de l'apparte‑ment, Muss est endormi dans un fauteuil.

MERLIN, lisant.

« Jonathas, durant quelques années, remporta
« plusieurs victoires, aidé de Simon, son frère,
« et de la protection de Dieu, dans laquelle il
« mettait toute sa confiance.

   « Enfin, celui qui n'avait pas cédé à la violence
« succomba à la trahison.

   « Diodorus, l'un des généraux d'Alexandre Bal‑
« lès, avait résolu d'enlever la couronne à An‑
« tiochus, fils de ce prince. Sachant combien il
« lui était important pour cela de se défaire de
« Jonathas, il lui donna à l'extérieur toutes les
« marques d'une amitié sincère. Il lui persuada
« de venir à Ptolémaïde; et, étant convenus de
« renvoyer leurs troupes, dès qu'il fut entré dans
« la ville, Diodorus en fit fermer les portes et le

____

(1) VARILLAS.

« mit à mort, ainsi que tous ceux qui l'avaient
« accompagné.

(D'une voix lente et faible.)

« Cette perfidie détestable apprendra toujours
« aux serviteurs de Dieu à ne jamais se fier aux
« caresses et aux promesses artificieuses de leurs
« ennemis. »

COLIGNY, l'interrompant avec intérêt.

Vous paraissez indisposé, mon frère.

MERLIN.

Le sort de l'infortuné Jonathas m'a causé une
émotion extraordinaire.

COLIGNY.

Vous devez être fatigué. La nuit s'avance ; allez
vous reposer.

MERLIN.

C'était donc pour le conduire à une fin si déplorable que le Seigneur avait permis qu'il échap-
pât aux embûches de Démétrius, et qu'il triom-
phât de ses armes. Grand Dieu ! que tes desseins
sont impénétrables !

COLIGNY, avec bonté.

Mon ami, mes douleurs sont en ce moment
suspendues ; je me sens mieux, beaucoup mieux.
Vous pouvez vous retirer.

MERLIN.

Dans l'état où je suis le sommeil n'approcherait

pas de mes paupières..... Souffrez, Monseigneur,
que je ne vous quitte pas, et que j'achève l'histoire des travaux de ces Machabées à qui Dieu
envoya de bien rudes épreuves, avant de leur
donner la couronne promise aux justes.

(L'amiral garde le silence. Merlin continue.)

« Après la mort de Jonathas, Simon, le dernier
« des Machabées, vint à son tour secourir la Judée.
« Il ne crut pas que la perte de ses frères ni le
« danger visible auquel il s'exposait lui pussent
« être un juste sujet de penser à se retirer : Vous
« savez, dit-il au peuple, ce que nous avons souf-
« fert, mes frères et moi, pour la défense de nos
« saintes lois. Ils sont tous morts pour le service
« d'Israël..... Ils sont tous morts..... Ils..... »

(Ici Merlin s'arrête, écoute ; et, respirant à peine :)

Monseigneur, n'entendez-vous pas un bruit
confus ?

COLIGNY.

Ce bruit a frappé mon oreille ; mais dans le temps
où nous vivons, il n'a rien de surprenant.

MERLIN, avec effroi.

Dieu nous garde de nouveaux malheurs !

COLIGNY.

C'est peut-être quelque émeute populaire que
les Guise auront excitée dans l'espérance qu'à la
faveur du tumulte leurs émissaires pourront par-

13

venir jusqu'à moi, et consommer ce qu'ils ont hier commencé. Mais la bonté du roi veille sur nous; et les gardes qu'il a placés à la porte de cet hôtel feront bientôt justice des assassins (1). Ainsi, mon frère, soyez sans crainte, et continuez votre lecture.

MERLIN, tout troublé, ouvre son livre et reprend.

« Il lui persuada de venir à Ptolémaïde; et,
« étant convenus de renvoyer leurs troupes,
« dès qu'il fut entré.....

COLIGNY, l'interrompant.

Vous m'avez fini l'histoire de Jonathas; vous en étiez à Simon Machabée.

MERLIN.

Au dernier des Machabées.

(Il tourne la page et continue d'une voix tremblante.)

« Vous savez, dit-il au peuple, ce que nous
« avons souffert, mes frères et moi, pour la dé-
« fense de nos saintes lois..... Ils sont tous morts
« pour le service d'Israël..... Je suis le seul qui
« reste..... Mais, à Dieu ne plaise que je pense
« jamais à épargner ma vie en quelque péril.....
« en quelque péril..... »

(Merlin suspend tout à coup sa lecture, et s'écrie avec l'accent de la terreur :)

---

(1) DE THOU.

Mais, Monseigneur, le bruit augmente..... Quel tumulte!... Quelles clameurs!....

(Aussitôt on entend distinctement les cris : Trahison! trahison! qui sont suivis de la détonation de plusieurs armes à feu.)

MERLIN, croisant les mains.

Miséricorde! Nous sommes perdus!

COLIGNY, tranquillement à Muss, qui vient de s'éveiller.

Muss, allez savoir ce qui arrive, et venez me l'apprendre.

(Muss va pour sortir, lorsque Téligny, l'épée à la main, se précipite dans l'appartement. Il est pâle, à demi vêtu, et dans le plus grand désordre. Plusieurs domestiques suivent ses pas.

TÉLIGNY.

Labone est égorgé; et, malgré nos efforts, une troupe d'assassins vient de forcer l'hôtel!....

COLIGNY.

Cosseins a donc fui lâchement?

TÉLIGNY.

Celui qui devait nous défendre, Cosseins est à la tête des meurtriers, et ses soldats massacrent tout ce qui se présente devant eux.... Déjà on enfonce la porte de l'escalier qui conduit à cette chambre.

COLIGNY, avec résignation.

Je vois qu'on en veut à ma vie..... Que la volonté de Dieu soit faite.

TÉLIGNY, vivement.

Mon père, il nous reste encore un espoir : Cornaton a placé dans l'escalier quelques Suisses, dont la résistance peut donner à nos amis le temps de nous secourir.

COLIGNY.

Mon fils, rien ne peut plus me soustraire à ma destinée.

MERLIN, avec désespoir.

Hélas! le trouble qui m'oppressait était donc le pressentiment de cette affreuse trahison!

(Tous les assistans sont dans la consternation ; Coligny, sans laisser apercevoir aucune altération sur son visage, se fait descendre de son lit, s'enveloppe dans une robe de chambre, et se met à genoux. Merlin, Téligny et les serviteurs se prosternent autour de lui.)

COLIGNY.

O mon Dieu! je remets sans murmure mon ame entre tes mains. Je pardonne à mes ennemis, comme j'espère que tu me pardonneras d'avoir oublié la prudence que tu commandes à ceux qui sont chargés de la conduite de leurs frères. Que ma résignation désarme ta colère, et que la voix du coupable obtienne de ta justice le salut des infortunés qui m'entourent!

(Tous les protestans versent des larmes.)

MERLIN, élevant ses bras au ciel.

Seigneur! que nos gémissemens montent jusqu'à vous! Le sang du juste va être répandu si vous ne faites éclater votre vengeance sur la tête

des méchans. Pour la gloire de votre nom , assistez-nous dans ce péril extrême. Assistez-nous !...
de peur qu'on ne dise demain parmi les catholiques : Où était leur Dieu ?

CORNATON *entrant précipitamment :*

Monseigneur, Dieu nous appelle à lui ! La porte
de l'escalier est enfoncée, et dans un instant les
assassins auront franchi la dernière barrière que
leur oppose encore l'intrépidité des Suisses (1).

(Coligny se relève, ordonne que la porte par laquelle Cornatou vient
d'entrer soit fermée avec soin ; puis montrant à ses amis un front noble
et calme :)

COLIGNY.

Je n'ai jamais appréhendé la mort. Il y a long-
temps que je la prévois, et que je suis disposé à
la souffrir patiemment. Je m'estime heureux de
mourir avec une entière connaissance et de mourir en Dieu, dont la grace me soutient par l'espérance qu'elle me donne d'une vie éternelle..... A
cette heure suprême, je n'attends rien du secours
des hommes;..... sauvez-vous promptement, de
crainte que vous ne vous trouviez enveloppés
dans mon malheur, et que vos femmes ne me
maudissent comme la cause de votre perte..... Je
n'ai plus besoin que de la présence de celui devant
qui je vais paraître.

____

(1) DE THOU.

TÉLIGNY et CORNATON, *se jetant aux pieds de l'amiral.*

Nous vous ferons un rempart de nos corps.....
Laissez-nous reculer un horrible événement que
l'arrivée de nos amis peut encore détourner.

COLIGNY.

Le temps des illusions est passé....... Votre dévouement me serait inutile.

TÉLIGNY et CORNATON.

Ne nous enlevez pas la consolation de partager
votre sort.

COLIGNY.

La vue du péril où je vous ai entraînés n'est-elle
pas assez douloureuse, sans y ajouter le spectacle
de votre mort....... Téligny, mon fils! Cornaton,
mon ami! fuyez, le temps presse;..... le sang de
Coligny suffira à leur fureur.

(On entend des coups d'arquebuse; bientôt après des vociférations.)

COLIGNY, *d'une voix solennelle.*

Au nom de notre sainte religion, je vous ordonne de vous conserver pour la défense de notre
cause. Fuyez!..... C'est la dernière volonté d'un
mourant.

*(Merlin, Cornaton et tous les serviteurs s'éloignent en sanglotant. Téligny
ne fait aucun mouvement pour les suivre. L'amiral lui indique en silence l'issue secrète par laquelle les protestans viennent de sortir :)*

COLIGNY.

Adieu, mon fils!

TÉLIGNY , se jetant dans les bras de l'amiral.

Mon père, cet ordre ne peut être pour moi.

COLIGNY.

Pour tous, mon fils.

(Des secousses violentes ébranlent la porte de la chambre.)

COLIGNY.

Téligny, pensez à ma fille. Adieu !... (D'un ton sévère.)
Obéissez.....   (Téligny sort en gémissant.)

COLIGNY , seul.

O Dieu! conduis leurs pas......... Défends ton
culte menacé en protégeant des hommes qui ho-
norent ton nom. (Il va s'asseoir dans un fauteuil.) Fais
retomber sur Coligny seul tout le poids de ta colère, et je bénis ta miséricorde de m'avoir choisi
pour martyr de notre sainte cause.

(Ici la porte paraît céder aux efforts des assaillans.)

COLIGNY, avec tranquillité.

L'éternité va commencer pour moi.

(Presque en même temps, la porte vole en éclats ; Bême, Cosseins, Attin ,
Sarlaboux et Petrucci, s'élancent avec impétuosité vers le lit de l'ami-
ral. Tous les assassins sont armés de cuirasses ; ils ont l'épée à la main.
Plusieurs portent des torches allumées.)

BÊME , avec fureur.

Par l'enfer ! il est parti (1).....

(Et parcourant la chambre avec rapidité, il s'arrête à l'aspect d'un vieil-

____

(1) Ce Besme étoit un gentilhomme allemand que j'avois

lard assis dans une attitude majestueuse; tout à coup il baisse la tête,
fond sur lui , et lui mettant la pointe de son épée sur la gorge)

BÊME , d'un ton farouche.

Es-tu l'amiral?

COLIGNY , d'une voix ferme.

C'est moi. (Puis regardant avec assurance le fer qui le menace.)
Jeune homme , tu devrais respecter mes cheveux
blancs. Mais achève; tu n'abrégeras ma vie que
de peu de jours.

BÊME.

Meurs donc !.....

(Aussitôt, détournant les yeux , il lui plonge son épée dans le corps, la re-
tire et l'en frappe plusieurs fois au visage. Moment de silence.)

SARLABOUX.

Par la sainte croix ! il a reçu le coup sans sour-
ciller.

ATTIN , à part.

J'aurai long-temps devant les yeux la figure de
ce vieillard.

---

veu d'autres fois nourry page du cardinal de Guise, qui lui
fit épouser la fille bâtarde du grand cardinal de Lorraine.
En 1574, revenant d'Espagne, il fut pris entre Barbezieux
et Châteauneuf par les protestans, et mené prisonnier au château de Bouteville où commandoit le sieur de Bertanville.

Un jour on lui fit accroire qu'il vouloit rompre les prisons
et se sauver. Si bien qu'il fust tué et eut ce qu'il avoit presté
à M. l'amiral.   (BRANTÔME.)

SARLABOUX.

Je n'avais jamais vu d'homme envisager la mort avec une telle fermeté.

ATTIN, à Sarlaboux d'une voix altérée.

Je suis honteux de ma faiblesse ; mais je vous avoue, colonel, que son regard m'a inspiré un sentiment que je ne conçois pas. (A part.) Bême a bien fait de le défigurer.....

COSSEINS, avec rudesse.

Trève de paroles inutiles. On ne nous a pas chargés de faire son oraison funèbre.

BÊME, du même ton.

Nous sommes ici pour agir du bras, et non pas de la langue.

COSSEINS.

Le roi Gaspard n'était pas seul ici. Alerte ! et en chasse ; le gibier ne peut être loin. Pour moi, j'ai commission de faire des recherches dans les papiers de la défunte majesté. Quand j'aurai fini, j'irai vous donner un vigoureux coup de main.

PETRUCCI.

Silence, Messieurs ! Je crois entendre la voix de Monseigneur.

(Il ouvre la fenêtre.)

GUISE, dans la cour de l'hôtel.

Bême, as-tu achevé ?

BÊME.

C'est fait, Monseigneur.

GUISE.

M. d'Angoulême ne le croira que lorsqu'il verra le traître à ses pieds. Jette son cadavre par la fenêtre.

(Bême, Cosseins et Petrucci lèvent le cadavre sur la fenêtre, et le font tomber dans la cour.)

BÊME , en faisant tournoyer une torche allumée.

Voilà M. l'amiral qui descend ! Place à M. l'amiral !

(Grands éclats de joie des spectateurs.)

COUR DE L'HÔTEL.

Guise, d'Angoulême, Tavannes, Sézac et une foule de soldats sont rassemblés autour du corps de Coligny.

GUISE, se penchant pour l'examiner.

Mais, en vérité, il est méconnaissable....... Si ce n'était pas lui.......

D'ANGOULÊME.

Par ma foi ! il est impossible de distinguer ses traits ; il a sur le visage un masque de sang.

GUISE.

Voilà bien sa grande barbe..... Quant au reste ; je n'y vois plus rien..... Pourquoi l'avoir ainsi défiguré ?

TAVANNES.

Pardieu ! il est aisé de sortir de doute. Il faut le débarbouiller.

D'ANGOULÊME.

Mais c'est vrai; le maréchal a raison. (Riant.) Attendez, je vais faire l'office de barbier étuviste. C'est un honneur dont le roi des huguenots n'est pas indigne.

(Et, aux risées des soldats, il essuie avec son mouchoir le sang qui couvre le visage de l'amiral.)

GUISE.

Maintenant je le reconnais. (Avec joie.) Oui, c'est bien lui. (Et, foulant sous ses pieds la tête du cadavre, il s'écrie :) Tout est légitime à qui venge son père. (Aux arquebusiers.) Courage, mes amis !.. Voilà un heureux commencement! Allons aux autres; c'est le roi qui l'ordonne.

TOUS LES SOLDATS.

Mort aux huguenots!

GUISE, à Petrucci qui entre.

N'oublie pas le présent que tu dois porter au roi.

PETRUCCI.

Monseigneur, il ne l'attendra pas long-temps.

GUISE, bas à Sezac.

Sezac, vous allez faire ouvrir les portes de mon

hôtel, avec ordre de recevoir tous les protestans qui voudront s'y réfugier. Cet asile doit être inviolable..... vous m'entendez..... Soyez diligent (1).

(Sezac obéit. Sortent Guise, d'Angoulême, Tavannes. Les arquebusiers les suivent en tumulte.)

RUE BÉTISI, DEVANT L'HÔTEL DE L'AMIRAL.

La populace est attroupée. Le tocsin du Palais de Justice répond à celui de Saint–Germain–l'Auxerrois. Des hommes en armes arrivent de toutes parts.

FERIER.

(Il a sur l'épaule une arquebuse. Des croix blanches sont attachées à son chapeau et aux manches de son habit.)

Les amis ne viennent pas. Cependant le tocsin sonne de manière à réveiller les morts. (Avec impatience.) Que diable peuvent-ils faire !.:... (Il regarde de tous côtés.) Enfin en voici un. (A René qui entre.) Hé bien ! maître René, que signifie ce retard ? Votre zèle se serait-il refroidi au moment de la fête ?

____

(1) Les Guise sauvèrent un grand nombre de huguenots, entre autres le baron d'Acier qui devint leur partisan. (*Mémoires de l'Estat de France, sous Charles IX.*) D'Aubigné et Mézerai confirment ce fait.

RENÉ.

Dans sa main est une courte épée. On remarque sur son manteau noir
plusieurs croix blanches. A son cou est suspendue une image de
la Vierge.)

Vous n'y êtes pas, capitaine; on peut, sans oublier le bien public, s'occuper de ses petites affaires. Je viens de recueillir chez moi, par amitié,
un riche joaillier huguenot avec toutes ses marchandises; et je vous jure que s'il en sort jamais, par
la sainte mère de Dieu! ses marchandises ne le
suivront pas (1).

FERIER, à Crucé qui arrive à grands pas.

Allons donc, paresseux! On a commencé sans toi.

CRUCÉ.

(Il porte un manteau bleu. Sa poitrine est presque couverte par une large
croix blanche. Plusieurs pistolets garnissent sa ceinture. Il tient une
hache à la main.)

Par la mort de mon ame! c'est ce gredin de
Rouillard qui en est cause (2).

FERIER.

Qu'aviez-vous à démêler ensemble?

CRUCÉ.

Tu sais, ou tu ne sais pas, que je lui en dois de
longue main, pour avoir conclu contre moi et

---

(1) *Mémoires pour servir à l'Histoire de France.*
(2) L'Estoile.

m'avoir fait condamner dans un procès dont il était rapporteur. Je n'ai pas voulu m'éloigner sans lui avoir prouvé que j'ai bonne mémoire.

Il s'agissait de le remiser dans ma maison. Il s'est long-temps fait tirer l'oreille; il a parlementé, a offert une rançon, de l'or, des bijoux : j'ai tout accepté; mais pourtant il a fallu marcher. Bref, je le tiens; et quand je lui aurai fait faire un bout de testament en ma faveur, je le mettrai en liberté par une trappe placée au-dessus de la rivière. Crac,..... et j'hérite.

FERIER.

Prends garde, compère : on prétend que ton Rouillard est très-bon catholique.

CRUCÉ.

Mensonge. Je soutiens, moi, et je lui prouverai bientôt qu'il incline vers l'hérésie.

FERIER.

Il est chanoine de Notre-Dame.

CRUCÉ.

Il est huguenot dans le cœur; c'est un faux frère.

PEZOU, accourant.

(Son bonnet est surmonté d'une croix blanche. Il a devant lui un tablier. Les manches de sa chemise sont retroussées jusqu'au coude. Sa main droite est armée d'un énorme coutelas.)

Ah! ah! il paraît que je ne suis pas le premier

au rendez-vous. Ne croyez pas cependant que je sois resté les bras croisés. J'avais d'abord à régler des comptes avec de bons voisins ; ensuite, pour ne pas laisser refroidir cette lame, (Il agite la lame sanglante de son coutelas.) j'ai, chemin faisant, saigné quelques pourceaux d'hérétiques qui cherchaient déjà à s'échapper. Mais vous n'êtes pas au complet ?

FERIER.

Le capitaine Michel, Coconas et autres, auront eu, comme vous, des affaires à terminer. Nous ne perdrons pas notre temps à les attendre.

PEZOU.

Par la fressure du pape ! voici le vieux Simon sous les armes. Il ne veut pas qu'on joue le branle des huguenots sans lui.

SIMON, entrant. Un chapelet à gros grains d'ivoire pend à sa ceinture.

Par la sainte messe ! Sans moi !.... (frappant sur son arquebuse.) Je l'accompagnerais avec cet instrument de ma fenêtre, si je ne pouvais remuer les pieds. Ah ! mes amis, quel beau jour pour l'église catholique ! Quel triomphe pour.....

CRUCÉ, l'interrompant.

Ah ça ! vieux Simon, il ne s'agit pas de pérorer. La main à la besogne, et vite.....

RENÉ.

Oui, oui, à la besogne.

FERIER.

Auparavant, il serait bon de nous distribuer le travail du quartier.

SIMON.

Il a raison. Chacun de nous prendra avec lui un certain nombre de travailleurs, et l'ouvrage ira rondement.

FERIER.

C'est le moyen de ne pas en manquer un seul.

PEZOU.

L'idée est excellente. Pour moi, ne m'épargnez pas; j'ai promis à ma femme beaucoup de têtes de bétail.

CRUCÉ.

Ventre-Dieu! Pas tant de façons. Puisque la tanière est traquée, il faut bien que tous ces parpayots nous passent par les mains. Ainsi, dépêchons.....

(Il va pour s'éloigner.)

SIMON, le retenant.

Un instant, Crucé; un instant, j'aperçois notre jeune duc de Guise.

(Guise entrant et s'adressant à la foule qui l'environne. Il est à cheval et a l'épée à la main. D'Angoulème et Tavannes sont à ses côtés.)

SIMON, avec empressement.

Approchons-nous, il va parler.

Coligny vient de recevoir la peine de ses crimes.
Tous ses partisans vont subir le même sort. En
ordonnant leur punition, le roi prévient de quelques instans leurs attentats contre sa personne et
contre la famille royale. Cette nuit devait aussi
favoriser le massacre de tous les zélés catholiques.
Que la trahison soit donc écrasée, et que l'arbre
de la foi refleurisse, arrosé du sang de l'hérésie.

(Les cris : Vive le duc de Guise! Tue! tue! Mort aux huguenots!
retentissent après ces paroles.)

SIMON.

Par Notre-Dame! j'ai cru voir et entendre son
illustre père à la glorieuse journée de Dreux, lorsqu'à la fin de la bataille, voyant fuir les nôtres,
il se leva sur ses étriers, et nous dit : Camarades,
voici le moment.....

RENÉ, l'interrompant.

Vieux Simon, nous savons ça : vous nous l'avez
conté plus de cent fois.

SIMON, avec colère.

Pas à vous toujours, mons René; car vous n'avez
jamais voulu m'entendre. (Aux autres.) Allons, mes
amis, encore un vivat en l'honneur de notre jeune
duc.

TOUS, excepté René.

Vive Henri de Guise !

(Guise, après avoir salué le peuple, et particulièrement Simon et ses
amis, se rapproche du chevalier d'Angoulême et de Tavannes.)

GUISE.

Maintenant, Messieurs, je cours au faubourg
Saint-Germain. Je vais faire tout ce qui dépendra de moi pour surprendre le Vidame et ceux
qui l'ont suivi. M. d'Angoulême, voulez-vous me
remplacer ici ?

D'ANGOULÊME.

Comptez sur moi. Je parcourrai le quartier
pour entretenir l'ardeur de ces braves gens ; ce
qui ne me sera pas fort difficile, car ils me paraissent très-bien disposés.

GUISE, à Tavannes.

M. le maréchal, ne vous êtes-vous pas chargé
d'apprendre au roi notre heureux commencement ?

TAVANNES.

J'irai tout à l'heure lui en porter la nouvelle.

GUISE.

Adieu donc.

(Et il s'éloigne au galop.)

TAVANNES, à la populace.

Allons, mes enfans ! saignez ! saignez ! Les mé-

decins disent que la saignée est aussi bonne au
mois d'août qu'au mois de mai (1).

(De grands éclats de rire accueillent la plaisanterie du maréchal. Il sort.)

D'ANGOULÊME, à la populace.

Courage, mes amis! Ruez-vous sur cette canaille. Pillez sans scrupule leurs biens, leurs propriétés. Que l'âge, le sexe, la faiblesse, rien ne
vous arrête, tant qu'il restera une goutte de sang
hérétique à verser.

(Il sort.)

(Les massacreurs répondent par des rugissemens; ils vont se disperser,
lorsque Petrucci paraît, portant la tête de l'amiral.)

PETRUCCI.

Voici la tête du roi des traîtres; la tête de l'hérésie !

(Aussitôt recommencent les cris : Mort aux huguenots!)

SIMON.

Je ferais bien le voyage de Rome avec cette
lettre de recommandation dans mon porte-man-
teau.

CRUCÉ.

Tu pourrais te flatter d'être bien reçu.

---

(1) BRANTÔME.

FERIER.

Je crois qu'à Madrid on lui ferait un plus brillant accueil (1).

SIMON, vivement.

La tête de l'hérésie est un présent digne de notre
Saint-Père.

FERIER, vivement.

Si on l'offre à celui qui l'a mieux méritée, Philippe y a des droits incontestables.

RENÉ.

A ce compte-là, il est fâcheux que l'hérésie n'ait
pas eu deux têtes.

PEZOU, faisant un geste expressif avec son coutelas.

Il faut la partager pour mettre tout le monde
d'accord.

PETRUCCI.

Un instant, Messieurs, je vais avant tout la pré-

---

(1) Le samedi, 15 novembre 1578, le roy enryH III,
étant à Fontainebleau, manda à Jean Férier, avocat, et capitaine ancien de la rue Saint-Antoine, grand massacreur de
huguenots et par conséquent grand catholique, qu'il eût à le
venir trouver. Le lieutenant du prévost l'arrêta en route, et
le mena au château de Loches, par ordre du roy; lequel on
disoit avoir été averti de quelque intelligence du dit Férier
avec l'Espagnol et ceux de Guise, pour brouiller l'Etat sous
couleur de religion.   (*Journal de Henri III.*)

senter au roi et à la reine-mère, qui décideront la question.

(Il sort.)

(Pendant ces dernières paroles, la populace en fureur sort de l'hôtel en traînant le corps de l'amiral et en l'outrageant de toutes manières.)

PLUSIEURS VOIX.

A l'eau ! à l'eau ! L'amiral à la rivière !

CRUCÉ, d'une voix tonnante.

Arrêtez !.... arrêtez ! camarades. Par la sainte messe ! il faut qu'il soit pendu par les pieds au gibet de Montfaucon.

TOUS.

A la voirie ! à Montfaucon ! L'amiral à la voirie !

(Aussitôt la populace s'attèle au cadavre par une longue chaîne de fer, et s'éloigne en poussant des hurlemens (1).

On entend des coups d'arquebuse des vociférations, des gémissemens. On est au commencement du massacre.)

---

(1) DE THOU.

SCÈNE X.

PERSONNAGES.

CHARLES IX.

Catherine de MÉDICIS.

Henri DE BOURBON, roi de Navarre.

Le prince DE CONDÉ.

NEVERS.

D'O,

NANCAY.

Le comte DE RAMBOUILLET (Nicolas
d'Angennes.)

Capitaines des Gardes.

Le baron DE PILES, capitaine protestant.

Pierre BEAUVAIS, ancien gouverneur du roi de Navarre.

Capitaines protestans.

Gardes suisses.

SCÈNE X.

Cour du Louvre.

A la lueur des torches, on voit, au bas de l'escalier qui conduit aux appartemens du roi de Navarre et du prince de Condé, une double haie de gardes suisses, qui se prolonge jusqu'au milieu de la cour (1). Çà et là sont étendus des cadavres. Des soldats sont occupés à les transporter et à les amonceler sous une fenêtre située à l'extrémité septentrionale. A cette fenêtre est placé Charles IX, une liste à la main; derrière lui, la reine-mère et le duc de Nevers.

Paraissent le roi de Navarre et le prince de Condé, escortés par MM. d'O et Rambouillet. Les princes sont sans armes. Sur leurs visages se peignent la consternation et la stupeur.

HENRI, s'arrêtant, et avec l'expression de la plus vive douleur.

Quel horrible spectacle ! (Après une courte pause.) Non,

---

(1) DAVILA.

il n'est pas possible que Charles soit complice de pareils forfaits; il les ignore ou son cœur en gémit!

CONDÉ.

Non, je ne puis le croire l'auteur de cette lâche trahison! Je reconnais la main sanguinaire.....

RAMBOUILLET, l'interrompant.

Silence! Monseigneur. (Bas au roi de Navarre.) Sire, levez les yeux.

HENRI, apercevant le roi.

Ciel! que vois-je?

CONDÉ.

Il est là!....

(Les deux princes, attérés à cette vue, restent quelque temps immobiles dans l'abattement du désespoir. Tout à coup Henri lève la tête, et dit à Rambouillet avec noblesse :

Marchons.

(Suivi de Condé, il s'avance dans un morne silence. Déjà il va atteindre l'extrémité du chemin formé par les deux rangs de Suisses, lorsqu'il recule en frémissant à l'aspect d'un cadavre qui se trouve sur son passage.)

HENRI.

C'est Pardaillan..... (1).

(Puis se rapprochant, et avec l'accent de la plus vive sensibilité.)

Brave Pardaillan, le sort des armes ne t'avait

---

(1) DAVILA.

donc respecté dans vingt combats que pour te
réserver une fin si funeste..... Tu méritais bien la
mort du soldat.....; celle du champ de bataille !

(Rambouillet fait un signe aux soldats, qui enlèvent le corps.)

CONDÉ, avec le même sentiment.

Voilà Ponbreton...., Francourt, Lavardin (1).
(Montrant le monceau de cadavres élevé sous la fenêtre du roi.) Les
voilà tous !.... (Amèrement.) sous la protection du roi
de France...., sous l'abri de son Louvre..... (Après
une pause.) Malheureux amis ! c'est notre fatale confiance qui vous a entraînés à cette affreuse bou-
cherie.

RAMBOUILLET.

Pour Dieu ! Monseigneur, modérez-vous.

CONDÉ, avec fierté.

Si l'expression de notre douleur est une offense,
on pouvait se l'épargner en nous conduisant au
supplice sans nous faire passer sur les cadavres de
nos serviteurs égorgés.

RAMBOUILLET.

Je vous le répète, Monseigneur, les jours du roi
de Navarre ni les vôtres ne courent aucun danger.
Le roi a promis.....

------

(1) DAVILA.

CONDÉ, l'interrompant.

Il a promis!.... (Étendant la main vers la fenêtre du roi.) Malheureux amis, vous aviez ses sermens ! A-t-il craint le parjure ?

RAMBOUILLET.

Parlez plus bas, Monseigneur ; il y va de votre vie : le roi vous entend.

CONDÉ, laissant éclater son indignation.

La mort seule peut m'empêcher de proclamer cette infame trahison !

LE ROI, au duc de Nevers, en l'envisageant avec fureur.

Vous l'entendez! duc de Nevers, vous l'entendez ! Est-ce là cette soumission que vous m'aviez garantie? Je vous l'ai dit.... ; vous vous êtes chargé d'une terrible responsabilité.

NEVERS, dans le plus grand embarras.

Daignez l'excuser, Sire.... c'est le premier mouvement;..... bientôt il se calmera, et l'obéissance la plus entière.....

LE ROI, lui coupant brusquement la parole.

Par la mort-Dieu ! qu'il ne mette pas ma patience à une trop longue épreuve!.... Et cependant..... qu'on l'éloigne..... Dans un instant il serait trop tard. Par le sang-dieu ! il y a encore là (Indiquant du doigt le dessous de sa fenêtre.) de la place pour cet insolent rebelle.

Soudain une clameur s'élève. Un vieillard blessé, et poursuivi par des soldats, vient tomber aux pieds du roi de Navarre, en faisant entendre d'une voix éteinte par la terreur, ces paroles entrecoupées :)

Ah ! Sire !......... protégez-moi !......... défendez-moi !........

(Par un mouvement rapide, Henri a porté la main à son côté gauche pour y chercher son épée ; ne la trouvant pas, il étend les bras sur la tête du suppliant,)

HENRI.

Arrêtez !........ arrêtez !........ misérables ! oserez-vous assassiner ce vieillard jusque dans mes bras ?

(Reconnaissant son gouverneur, Beauvais, il le relève, le presse contre son sein.)

Beauvais !...... mon père !... Quoi ! c'est toi !...

(Puis voyant le sang qui l'inonde.)

Infortuné !... dans quel état t'ont mis ces barbares !...

BEAUVAIS, palpitant.

Ah ! Sire !... ah ! mon maître !... sauvez-moi !... sauvez-moi !...

(Pendant cette scène, les Suisses ont baissé la pointe de leurs hallebardes; irrésolus, ils paraissent attendre les ordres du roi.)

HENRI, les larmes aux yeux à Charles IX.

Sire, grace ! grace ! pour Beauvais, pour mon ami, pour mon second père !

LE ROI, avec force.

Non, non ; n'en épargnez aucun !......

CONDÉ, à demi-voix.

Bourreau !.....

(Aussitôt les gardes se précipitent sur Beauvais, l'arrachent des bras du roi de Navarre et l'entraînent. Au même moment, d'O et Rambouillet se jettent sur le prince, qui s'élance pour secourir son gouverneur.)

D'O et RAMBOUILLET, le retenant.

Sire, qu'allez-vous faire ?

HENRI, se débattant.

Le sauver, ou mourir.

D'O et RAMBOUILLET.

Vous vous perdez, Sire, sans pouvoir prolonger sa vie.

BEAUVAIS, d'une voix étouffée.

Adieu, Sire !........ Adieu...... ma femme...... .mes pauvres enfans !.....

HENRI, éperdu.

Adieu, Beauvais !..... Si je te survis..... ta famille deviendra la mienne.....

(Beauvais élève ses mains au ciel en signe de remerciement; à quelques pas, il est égorgé (1).)

HENRI, détournant la vue avec horreur.

Qu'on me donne la mort, ou qu'on m'éloigne de cet horrible lieu !

---

(1) D'AUBIGNÉ.

RAMBOUILLET.

Sire, nous sommes prêts à vous suivre dans les appartemens du roi.

(Sort le roi de Navarre, soutenu par le prince de Condé. MM. d'O et Rambouillet les escortent.)

LE ROI, parcourant la liste qu'il tient à la main.

C'est à présent le tour de ce maître traître, de cet odieux de Piles.....(1); qu'on le fasse descendre avec le reste des rebelles.

(A Nancay qui se dispose à obéir.)

Nancay, vous lui laisserez le temps de se repaître du spectacle de ma vengeance.

(Nancay s'incline et sort.)

LE ROI, continuant.

Je suis curieux d'éprouver la trempe d'ame de ce héros fameux de Saint-Jean-d'Angely (1).

---

(1) Le capitaine de Piles étoit fort détesté pour avoir fait subir une honte aux catholiques devant Saint-Jean-d'Angély.
(*Mémoires sur l'Estat de France.*)

(2) Le siège de Saint-Jean-d'Angély, qui, suivant la reine-mère, ne devait durer que deux jours, dura plus de six semaines, après lesquelles de Piles obtint une capitulation honorable. Les protestans perdirent cent hommes, et les royaux, plusieurs milliers d'hommes avec tous les fruits de la journée de Moncontour.   (L'abbé PÉRAU.)

CATHERINE.

Je ne serais pas étonnée que ce fanfaron, qui tout à l'heure encore vous insultait par ses menaces, perdît courage, et descendît à la prière, à l'aspect du glaive de votre justice près de l'atteindre.

LE ROI.

Que j'aurais de plaisir à le voir, suppliant et prosterné, implorer ma clémence !

CATHERINE.

Il s'avance.

LE ROI.

Observons son visage.

(Paraît de Piles à la tête de plusieurs officiers protestans. Il porte encore le riche vêtement qu'il avait au cercle de la reine-mère, dans la soirée précédente. Sa contenance est noble et fière. Il contemple un instant la scène de carnage qu'il a devant lui ; puis il lève les yeux, et, rencontrant les regards ternes et farouches du roi fixés sur lui :)

DE PILES, au roi.

Voilà donc la foi que tu nous as promise !... la paix que tu as si solennellement jurée !... Grand Dieu ! vous punirez le parjure ; vous vengerez une perfidie si détestable.... Charles ! le sang des protestans ne criera pas en vain ; souviens-toi qu'il retombera sur la tête de l'assassin qui l'aura versé.

(Le roi s'agite violemment ; sa bouche laisse échapper des sons inarticulés.)

DE PILES, continuant à Charles IX.

Ton supplice commence : l'oppresseur a tressailli à la voix de l'opprimé....... Le courage des
victimes va faire pâlir le bourreau.

(Alors il détache un superbe manteau qui lui couvre les épaules,
et s'adressant à un spectateu r (1) :)

Tiens, prends ce manteau, et conserve-le comme
un monument de cette exécrable trahison.

(Aux officiers protestans.)

Maintenant, mes amis, allons rejoindre nos
frères en hommes que la mort n'a jamais effrayés.

(A ces mots, il marche d'un pas ferme au-devant des Suisses, et tombe
percé de plusieurs coups de hallebarde. Les officiers protestans sont
aussi massacrés.)

CATHERINE, au roi.

Rendons graces à Dieu, qui nous a permis
de nettoyer votre Louvre des traîtres qui le
souillaient.

LE ROI, d'une voix sombre.

Pensons aux autres, Madame; pensons aux autres... nous avons tranché le serpent, mais il existe
encore : prenons garde qu'il ne parvienne plus
tard à réunir ses tronçons dispersés.

CATHERINE.

C'est ce que nous saurons empêcher ; et pour

---

(1) D'AUBIGNÉ.— DE THOU.

15

cela , il faut employer vos braves Suisses. Donnez l'ordre à Nancay de faire placer le long de la rivière les troupes qui ne sont plus nécessaires à la garde du château, afin de prévenir l'évasion d'un seul de nos ennemis.

LE ROI , vivement.

Mes Suisses ne sortiront pas du Louvre....... L'affaire n'est pas assez avancée pour que je me dégarnisse.

(A sa mère.)

Toutefois, Madame, je reconnais que la précaution que vous me conseillez est très-sage; qu'elle est d'une nécessité indispensable.

(A Nevers.)

Nevers, qu'elle soit prise sur-le-champ; mais, à cet effet, choisissez d'autres soldats que les miens. Hâtez-vous, et venez me donner des nouvelles de l'exécution générale dans mon appartement, où je vais vous attendre avec impatience.

(Nevers obéit. Sortent le roi et la reine-mère.)

SCÈNE XI.

PERSONNAGES.

CHARLES IX.
Catherine DE MÉDICIS.
Henri duc d'ANJOU.
GONDI.
NEVERS.
Un page.

SCÈNE XI.

Chambre du roi, au Louvre. Les bougies qui éclairent encore l'appartement ne jettent plus qu'une lueur faible et blanchâtre : le jour commence à poindre. Le roi est assis auprès de sa mère, dont il serre les mains avec tendresse. Tout en lui exprime la satisfaction la plus vive.

CATHERINE.

Hé bien ? mon fils, vous repentez-vous à présent d'avoir suivi mes conseils ?

LE ROI, vivement.

Me repentir......... (Avec effusion.) Ah ! ma bonne, mon excellente mère, que ne vous dois-je pas !

CATHERINE.

Nous venons de relever le trône et la religion sans avoir à regretter une seule goutte de sang catholique..... Dieu est avec nous.

LE ROI.

Vous me voyez dans l'ivresse de la joie..... Je ne m'attendais pas, je l'avoue, à une semblable réussite.

CATHERINE.

Vous avez entendu Tavannes : à cette heure, votre justice a frappé les plus coupables; avant peu, elle aura exterminé tous les traîtres.

LE ROI.

Alors, de ce côté du moins, mon cœur n'aura plus de vœux à former. Ma vengeance sera complète.

(Entre Gondi.)

Mon cher Gondi, tout va-t-il, dans les autres quartiers, comme dans les environs du Louvre ?

GONDI.

Sire, partout même succès; partout vos ennemis, endormis ou frappés d'épouvante, tombent sans résistance. La fureur des catholiques est au comble. Tous les hérétiques, sans distinction d'âge ni de sexe, sont pris, exécutés et jetés à l'eau. Le jour, qui commence à paraître, permet de voir que la rivière , rougie d'un sang impur, charrie un grand nombre de cadavres (1).

LE ROI.

Vive Dieu! ce doit être un coup d'œil curieux. Je veux m'en donner le plaisir. (Se levant.) Allons, mes fidèles pieds-gris (2) , nous voulons présider à votre départ. C'est une faveur que vous avez bien méritée, et que nous vous accordons d'autant plus volontiers qu'elle sera la dernière que vous rece-vrez de notre royale bienveillance (3).

(En disant ces mots, il se dirige en riant vers une fenêtre, l'ouvre, et s'y place. Catherine et Gondi le suivent en partageant sa gaieté.)

LE ROI , à la fenêtre.

Ah ! je les distingue parfaitement.

(A Gondi , d'un ton de plaisanterie.)

Mais, il n'y en a pas autant que tu le disais.

GONDI , du même ton.

Comment........ Sire , il n'y a pas quatre heures qu'on a sonné les matines de saint Barthélemy.

LE ROI.

Leurs rangs étaient plus serrés à la retraite de Saint-Denis (4).

---

(1) *Mémoires sur l'Estat de France.*

(2) Sobriquet donné par les catholiques aux réformés.

(3) BRANTÔME.

(4) Le 10 novembre 1567 , le connétable de Montmo—

GONDI.

Un peu de patience, Sire ; et je vous assure qu'au train dont y vont les catholiques, les vides que vous remarquez seront bientôt remplis.

LE ROI.

C'est égal ; ton rapport était exagéré.

---

renci sort de Paris à la tête de l'armée catholique, soutenue de quatorze pièces de canon, et vient dans la plaine de Saint-Denis présenter la bataille à une poignée de protestans sans artillerie, commandés par son neveu le prince de Condé.

Écoutons un acteur de cette journée, dont la véracité n'a jamais été mise en doute :

« Je diray seulement quelque mot de la bataille de Sainct-Denis, qui fut à la vérité mémorable, en ce que si peu d'hommes osèrent se présenter devant une armée si puissante qu'estoit celle qui sortit de Paris et la soustenir ; car elle n'avoit pas moins de quinze à seize mille hommes de pied et plus de deux mille lances, là, où en celle du prince de Condé, ainsi séparée comme lors elle se trouva, toute sa cavallerie n'arrivoit à mille chevaux quasi autant d'harquebusiers. »

(*Mémoires de Lanoue*).

La nuit favorisa la retraite des protestans. Condé et Coligny la conduisirent au petit pas, en dispersant tous ceux qui les poursuivirent avec trop d'ardeur. A défaut de la victoire, tout l'honneur du combat resta aux religionnaires, vu leur extrême infériorité.

Le connétable, mortellement blessé, mourut le lendemain.

GONDI.

Qu'est - ce que Votre Majesté croyait donc trouver ?

LE ROI, riant.

Une véritable débâcle de huguenots.

(Cette plaisanterie provoque de nouveau la gaieté de la reine-mère et de Gondi.)

LE ROI, toujours à la fenêtre.

Mais..... me trompé-je ?..... parmi ce qui défile sous mes yeux, il me semble apercevoir des vivans. (Après avoir regardé avec la plus grande attention.) Non , mordieu ! je ne me trompe pas. (Étendant la main.) En voilà là-bas, qui se sauvent à la nage....... Ils cherchent à gagner la rive opposée..... (Se tournant brusquement,) Je ne serai pas spectateur tranquille de leur fuite. Holà ! quelqu'un !

(Entre un page.)

Courez chercher mes deux arquebuses de chasse. (Il se remet à la fenêtre.) Tiens, vois-tu, Gondi, maintenant ils sont à terre....... et personne pour les recevoir....... Ils fuient, sang-Dieu ! où est donc ce traître de Guisard? (Frappant du pied avec violence.) Par la mort! qu'on m'apporte mes arquebuses.

(Puis il avance sa tête en dehors, en criant :)

Tue ! tue ! Tirons, mordieu ! ils s'enfuient.

(Entre un page portant deux arquebuses. Le roi en prend une précipitamment, et la décharge sans se donner le temps d'ajuster. Il continue

pendant quelques instans à tirer coup sur coup ; posant ensuite son arquebuse avec colère.)

LE ROI.

Ventre-dieu! ils sont trop loin....... Encoura-
geons au moins ceux qui peuvent les atteindre.

(Et il avance de nouveau la tête hors de la fenêtre en criant de toutes ses
forces (1):)

Tue! tue! Tirons, mordieu! ils s'enfuient!

(A Gondi, d'une voix agitée.)

Va, cours dans le faubourg Saint-Germain;
prends toutes les mesures pour arrêter ces
fuyards; assure-toi de ce que fait le maudit Lorrain. A présent qu'il s'est gorgé du sang de son
ennemi, il oublie sans doute la vengeance de son
roi. Surveille-le; tu connais la confiance qu'il
m'inspire. Il est homme à nous faire payer cher
l'appui qu'il nous prête. Va donc; et puisqu'il faut
employer cet odieux instrument, forçons-le du
moins à ne pas nous trahir.

(Gondi sort. Le roi se promène en long et en large.)

LE ROI.

Quel beau jour que celui qui eût éclairé la
ruine de tous mes ennemis!

CATHERINE.

Écartez, mon fils, une pensée importune, qui

---

(1) BRANTÔME. — BOSSUET.

est venue rembrunir votre front. Ne troublons pas par d'inutiles regrets la joie d'un si heureux commencement.

Je vous l'ai dit, nettoyons aujourd'hui votre royaume des mauvais; et demain, nous aviserons aux moyens de débarrasser les avenues du trône de tout ce qui peut en obscurcir l'éclat.

LE ROI.

Vous avez raison, ma mère. C'était un nuage; et vous venez de le dissiper. (Après une pause.) Quel ascendant extraordinaire vous exercez sur moi! Votre parole a la puissance d'exciter à son gré le trouble ou de ramener la paix dans mon cœur.

CATHERINE.

Vous connaissez l'amour de votre mère.

LE ROI.

Je connais aussi sa prudence, la sagesse de ses conseils.

CATHERINE.

Continuez à prendre pour guide l'expérience de celle qui ne respire que pour vous, et bientôt vous serez réellement le maître dans votre royaume.

LE ROI.

Ah! ma mère, je vous devrai deux fois la vie.

(Entrent les ducs d'Anjou et de Nevers.)

NEVERS.

Sire, vos ordres sont exécutés. Des troupes bordent la rivière; la ville est investie de toutes parts.

LE ROI.

C'est bien.

NEVERS.

En rentrant dans le Louvre j'ai rencontré un exprès chargé d'apprendre à Votre Majesté que le duc de Guise est à la poursuite des chefs huguenots du faubourg Saint-Germain.

LE ROI, pâlissant.

Comment?.... il les a donc laissés échapper?

NEVERS.

Par un accident indépendant de sa volonté.

LE ROI, avec emportement.

Sang-bleu! nous sommes trahis!....

NEVERS.

Sire, permettez-moi.....

LE ROI, à sa mère.

Quand je vous disais qu'il oublierait tout une fois qu'il aurait assouvi sa rage.

NEVERS.

Sire, permettez-moi de vous expliquer la cause....

LE ROI, lui tournant le dos brusquement.

Laissez-moi..... C'est un traître.

(Et il marche à grands pas.)

CATHERINE.

Mon fils, écoutons-le.

LE ROI.

Que peut-il nous dire?.... Ils ont fui.

NEVERS.

Sire, daignez me prêter un moment d'attention, et vous rendrez plus de justice à Henri de
Guise.

(Le roi ne répond rien. Nevers continue.)

Après avoir perdu beaucoup de temps à rassembler des soldats que l'ardeur du pillage avait
dispersés, le duc fut encore arrêté à la porte Buci,
par une méprise du gardien. Cet homme, ayant
pris dans la précipitation une autre clef pour celle
de cette porte, fut obligé de courir à son logis
pour réparer cette erreur. Pendant ces délais, ceux
du faubourg Saint-Germain, réveillés par le tumulte de la ville, sont accourus sur les bords de
la rivière; et, à la vue des bateaux remplis de soldats qui se dirigeaient vers eux, ils ont pris la
fuite (1).

LE ROI.

Ce que je redoutais le plus est donc arrivé....
Le Vidame, Mongommery et autres brandons de

(1) De Thou.

guerre civile, qu'il était si important d'étouffer, sont répandus dans la France..... Tous les fruits de l'entreprise sont perdus.....

(Il continue à se promener avec agitation.)

NEVERS.

J'ai eu l'honneur de dire à Votre Majesté que Guise était sur les traces des fuyards.

LE ROI, brusquement.

Je vous ai bien entendu.

D'ANJOU.

Alors, pourquoi Votre Majesté suppose-t-elle qu'il ne les atteindra pas?

LE ROI, regardant son frère en face.

Parce qu'il n'a pas intérêt à les atteindre. (Avec colère.) Vous avez la vue extrêmement courte, M. d'Anjou, ou vous êtes étrangement aveuglé sur le compte du Lorrain. Plaise à Dieu que cette belle amitié vous profite; pour moi, je n'en suis pas jaloux. Mais, je vous en préviens, je ne me sens pas disposé à partager la haute opinion que vous avez conçue de lui..... Si vous êtes jamais roi de France, libre à vous de continuer au fils la tutelle que le père a exercée sous mon prédécesseur.

D'ANJOU, avec humeur.

Il n'y avait rien dans la question que j'ai faite à Votre Majesté qui dût m'attirer une réponse aussi dure.

LE ROI.

Vous m'avez compris, Monsieur;... ce n'est pas à vos paroles, mais à l'intention qui les dictait que j'ai répondu. Ainsi, encore une fois, soyez persuadé que je ne suis pas d'humeur à m'en rapporter, les yeux fermés, à la bonne foi de votre favori.

(Il se fait un silence, pendant lequel la reine-mère s'approche du roi et lui dit à voix basse :)

CATHERINE.

Mon fils, vous laissez trop éclater vos sentimens secrets. Renfermez dans votre cœur la haine que vous nourrissez contre Guise, et n'oubliez plus que lorsqu'on veut détruire un guépier on met un masque sur son visage.

LE ROI, bas à sa mère.

Sans doute, ma mère; mais le moyen de se contenir en voyant le traître favoriser ouvertement l'évasion des huguenots pour me les opposer plus tard, et étayer son pouvoir sur le besoin que nous aurons de son secours.

CATHERINE, bas à son fils.

Attendons pour le juger... Rien ne prouve qu'il nous trahisse; mais, quand cela serait, je vous dirais encore de ne pas avoir l'air de le croire, tant que nous n'aurons pas trouvé l'occasion de le perdre.

LE ROI, bas à sa mère.

Qui sait, quand elle se présentera?

CATHERINE, bas au roi.

Je saurai la faire naître. En attendant, songez seulement à montrer un front calme : changer de visage est toujours dangereux. Je crois bien que vous pouvez compter sur la fidélité de Nevers; cependant, au point où nous en sommes, il est prudent de se rappeler qu'il est beau-frère de Henri de Guise, et.... (1).

(Ici la voix de Catherine baisse tellement, que le roi seul peut l'entendre.)

D'ANJOU, bas à Nevers.

Ma mère souffle sur la girouette; nous allons avoir un changement de vent.

NEVERS, bas à d'Anjou.

Pourvu qu'il nous amène du beau temps.

D'ANJOU, après avoir regardé le roi.

Oui, oui; le soleil va paraître, l'horizon s'éclaircit.

NEVERS, bas à d'Anjou.

En vérité, Catherine pétrit notre roi comme une cire molle.

D'ANJOU, bas à Nevers.

C'est fort heureux; il nous ferait perdre la tête

---

(1) La duchesse de Nevers était sœur de Catherine de Clèves, mariée en secondes noces à Henri duc de Guise.

avec ses accès de crainte et de fureur, si de temps
à autre ma mère ne lui communiquait quelque
bonne inspiration.....

LE ROI, haut à Nevers.

Duc de Nevers, le moment est venu de vous
décharger de la responsabilité que vous avez acceptée. Allez employer sur l'esprit du prince de
Condé l'influence que doivent vous donner votre
parenté, sa position, et surtout le service signalé
que vous venez de lui rendre, pour le préparer
à se soumettre à ma volonté.

NEVERS.

Sire, j'espère y parvenir

LE ROI.

C'est ce que nous verrons avant peu. (Nevers sort.)
(à d'Anjou.) Vous, M. d'Anjou, faites dire à Gondi de
venir chez ma mère, aussitôt que sa présence ne
sera plus nécessaire dans le faubourg Saint-Germain.

(Sortent le roi, la reine-mère et le duc d'Anjou.)

SCÈNE XII.

PERSONNAGES.

CHARLES IX.
Catherine DE MÉDICIS.
Le duc D'ANJOU.
Le chevalier D'ANGOULÊME.
GONDI.
TAVANNES.
NEVERS.
BIRAGUE.
Le roi de Navarre.
Le prince DE CONDÉ.
CRUCÉ.
PEZOU.
RENÉ.
Annibal comte de COCONAS.
PÉTRUCCI.

SCÈNE XII.

Appartement de la reine. Charles IX est assis. Gondi est debout devant lui. Dans l'embrasure d'une fenêtre, le duc d'Anjou s'entretient avec sa mère qui lui répond tout en prêtant l'oreille à la conversation qui a lieu entre le roi et Gondi.

LE ROI, à Gondi.

Tu dis donc qu'ils ne peuvent aller loin.

GONDI.

Oui, Sire, ils ont très-peu d'avance sur Guise, qui les poursuit avec la plus grande vigueur à la tête de cavaliers d'élite.

LE ROI, vivement.

Parbleu! sois le bien-venu; tu es toujours le messager des bonnes nouvelles........ Mais, as-tu la certitude de ce que tu m'annonces?

GONDI.

L'assurance que j'en donne à Votre Majesté est le résultat de renseignemens positifs que j'ai pris moi-même.

LE ROI.

C'est différent...... Voilà qui me tranquillise un peu.....

GONDI.

Si les fuyards ne sont pas à cette heure tombés sous les coups des catholiques, ils ne peuvent s'y soustraire long-temps.

CATHERINE, s'approchant.

Admettons même qu'ils y parviennent. Nous avons prévu ce malheur, mon fils. Votre justice suivra les pas des coupables; et avant qu'ils gagnent La Rochelle, leur repaire, ils auront rencontré le châtiment préparé par les ordres que nous venons d'expédier à tous vos gouverneurs. ....

GONDI.

Pourquoi d'ailleurs attacher de l'importance à la fuite d'une poignée de factieux, quand Coligny et ses principaux partisans n'existent plus?

D'ANJOU.

L'étendard de la révolte est renversé. Personne ne pourra plus le relever.

LE ROI.

Deux chefs sont encore debout.

GONDI.

Ils sont vos prisonniers.

CATHERINE.

Cependant il est prudent d'enlever aux débris
de la révolte cette dernière espérance.

LE ROI , vivement.

Par le sang-dieu ! je ne leur donnerai pas le
temps de la former.

(A Gondi.)

Gondi, faites venir les princes. Nevers les a in-
struits de ma volonté. Ils doivent être prêts à
m'obéir.

(Gondi sort.)

CATHERINE , au roi.

Qu'ils sachent bien , mon fils, à quel prix vous
leur accordez la vie.

LE ROI.

Soumission entière, ou , par la mort-dieu ! deux
palettes de sang consolideront notre ouvrage.

(Moment de silence.)

(Entrent le roi de Navarre et le prince de Condé, suivis de Gondi et de

Nevers. Les gardes qui les escortent restent en dehors. On remarque sur le visage des princes l'empreinte d'une profonde douleur. Leur maintien est triste, mais assuré.)

NEVERS, bas à Condé.

Voici le moment décisif. Pensez à ce que vous m'avez promis.

CONDÉ, bas à Nevers.

Je pense à ce que je vous dois ; je répondrai avec modération.

NEVERS, bas à Condé.

Faites plus : obéissez à la nécessité. Songez qu'il est le maître.

(Pendant quelques instans, Charles IX examine d'un air sombre les princes qui sont debout devant lui ; puis rompant le silence :)

LE ROI.

Le fauteur de toutes les guerres civiles qui se sont succédé depuis mon enfance dans le royaume, Coligny n'est plus.

Tous les scélérats, ses complices, tous les sectaires impies, infectés des mêmes erreurs, sont ou seront bientôt exterminés. Dans tous les quartiers de Paris le sang coule par mes ordres (1).

(Ici le roi s'arrête. Il paraît observer l'effet de ces paroles sur les princes; ensuite il continue :)

____

(1) DE THOU.

LE ROI.

Je n'ai pas perdu la mémoire des maux que vous m'avez faits en vous mettant à la tête de mes ennemis. Je devrais vous punir; vous voyez si j'en ai le pouvoir.....

Cependant, en faveur de l'alliance que nous venons de former, en considération de votre jeunesse, ma bonté consent à oublier le passé.

Je n'exige de vous qu'une soumission sans bornes. Mais il faut sur-le-champ m'en donner une preuve : il faut abjurer.

LE ROI DE NAVARRE.

Sire, vous nous avez garanti le libre exercice de notre culte; nous invoquons vos sermens.

LE ROI.

J'ai juré de ne souffrir, dans toute l'étendue de mon royaume, d'autre religion que celle de mes pères.

CONDÉ.

Sire, je ne puis croire encore que la funeste influence de nos ennemis soit parvenue à vous faire oublier les traités les plus solennels; je supplie Votre Majesté.......

LE ROI, lui coupant la parole.

J'ai juré d'anéantir la rébellion; rien ne doit faire obstacle à ma volonté....... Il faut abjurer.

HENRI.

Souvenez-vous, Sire, que nous sommes des alliés, des parens, placés sous votre sauve-garde.

CONDÉ.

Que nous sommes les hôtes du roi de France.

LE ROI, avec colère.

Mordieu ! tremblez de me rappeler que vous êtes des traîtres.

HENRI.

Sire, vous ne pourrez abuser de la force envers des princes qui ont mis leur confiance dans la loyauté de Votre Majesté.

LE ROI, avec emportement.

Il vous appartient bien, rebelles que vous êtes, de parler de loyauté....... Pour la dernière fois, il faut abjurer.

CONDÉ, avec fierté.

C'est Dieu qui m'a fait connaître ma religion. C'est à Dieu seul que j'en dois rendre compte. Disposez de ma vie, de mes biens ; mais n'espérez pas qu'aucune menace, que la mort même que j'ai sous les yeux, puisse me contraindre à renier un culte que ma conviction m'a fait embrasser.

LE ROI, avec fureur.

Enragé fanatique ! je.......

(En disant ces mots, le roi s'est levé ; hors de lui, il va se précipiter sur le prince, lorsqu'il est arrêté par sa mère. Henri de Navarre s'est placé

devant Condé qui reste immobile. Charles IX., suffoqué de colère, est
quelque temps sans pouvoir en exhaler l'expression. Enfin il éclate.)

LE ROI.

Allez, séditieux, rebelles fils de rebelles, sor-
tez..... Dans trois jours, il faut abjurer ou mourir.
(Gondi et Nevers entraînent les princes; quand ils sont près de la porte,
Nevers dit à voix basse à Condé :)

Monseigneur, qu'avez-vous fait !

CONDÉ.

Est-il possible de ne pas irriter le tigre?
(Les princes sortent, suivis de Nevers et escortés des mêmes gardes qui
les ont amenés. Gondi revient se placer auprès du roi.)

LE ROI.

Voilà les effets de la clémence sur ces rebelles
endurcis. Cette nuit, j'ai souffert leur insolente audace. Maintenant ils bravent en face mon autorité.

CATHERINE.

Calmez-vous, mon fils.

LE ROI.

L'impunité n'a servi qu'à les enhardir.

CATHERINE.

Méprisez ces bouffées d'un orgueil fanatique.
Ils courberont la tête sous la nécessité.

LE ROI, vivement.

Ou sous la hache du bourreau.

CATHERINE.

Ainsi, ne nous occupons plus des vaines paroles de ces jeunes insensés.

GONDI.

Si ce n'est pour nous féliciter, à la vue de leur endurcissement, d'avoir coupé court à un mal dont les racines étaient plus profondes que nous ne l'imaginions.

CATHERINE.

Et pour remercier la divine Providence qui nous en a fourni les moyens, et qui nous prête une assistance si manifeste.

(Entrent Tavannes et Birague.)

TAVANNES.

Sire, tout va de mieux en mieux. Jamais plus heureuse expédition. Aussitôt que le jour l'a permis, on a organisé les exécutions. Les commissaires, capitaines, quarteniers, dizainiers, se sont rendus avec leurs gens dans les maisons habitées par les huguenots, et dans celles où l'on soupçonnait qu'il y en avait de cachés. Tout ce qu'on a pris a été déposé dans les prisons et dans des habitations particulières (1).

BIRAGUE.

C'est une réserve pour la nuit suivante.

TAVANNES, continuant.

Actuellement on dépêche ceux qui cherchaient à fuir ou qui faisaient mine de résister.

―――――――――――

(1) *Mémoires de l'Estat de France sous Charles IX.*

GONDI.

Les plus pressés doivent passer les premiers.

LE ROI.

Connait-on les catholiques qui ont le plus signalé leur zèle.

TAVANNES.

Sire, le comte Coconas, les capitaines Michel,
Ferier, Pezou, le parfumeur René, et Crucé le tireur d'or, se sont fait remarquer constamment.
Leur exemple échauffait les plus tièdes, et soute-
nait les plus fervens (1).

CATHERINE, au roi.

Ils méritent votre bienveillance.

LE ROI.

Elle leur est acquise, comme aussi la reconnaissance de toute la catholicité. Mais il ne suffit
pas de les récompenser, il faut encore les admettre
à l'honneur de notre présence, et savoir de leurs
bouches par quels faits ils ont justifié le titre de
héros de la fête que nous donnons aux hérétiques.
(A Tavannes.) Maréchal, faites-les venir. (Tavannes sort.)

LE ROI, à ses courtisans.

Allons, mes amis, je vois que nous sommes
parfaitement secondés. Pour le coup, nous pouvons sans crainte nous abandonner à la joie.

---

(1) *Mémoires pour servir à l'Histoire de France.*

CATHERINE.

La guerre est donc bien finie ?

GONDI.

Nous avons enfin une paix solide.

BIRAGUE.

Parce qu'elle est bien cimentée, et qu'elle ne reposera pas sur des traités équivoques, véritables haltes où ces enragés reprenaient haleine pour recommencer de plus belle.

LE ROI, *riant.*

Vive Dieu ! Nous avons trouvé le bon moyen de les forcer au repos.

BIRAGUE.

Il n'y en avait pas d'autre. Je le dis depuis longtemps ; avec ces damnés, nous n'en sortirons jamais sans le secours des cuisiniers.

LE ROI, *riant.*

Par mon ame ! Birague, tu es l'Alexandre des gardes-des-sceaux ! C'était la seule manière de trancher le nœud gordien.

BIRAGUE.

Les négociations, les écritures et toutes ces inutiles assemblées étaient des sujets éternels de contestations et de troubles. Il fallait inventer quelque expédient qui empêchât à toujours vos fidèles sujets de retomber dans leur péché d'habitude.

D'ANJOU.

Certes, à cet égard, il était impossible de mieux imaginer.

GONDI.

Mais il faut avouer qu'ils nous ont donné beau jeu.

LE ROI, vivement.

Tu veux dire que nous avons bien joué le nôtre (1).

CATHERINE.

Nous leur avions présenté un appeau si séduisant.

LE ROI.

Par la barbe de notre Saint-Père! ma mère a raison ; c'est la grosse Margot, ma sœur, qui, en

---

(1) Le jour que la reyne de Navarre arriva à Blois, le roy et la reyne-mère luy firent tant de caresses, et principalement le roy qui l'appeloit sa grande tante, son tout, sa mieux aimée, qu'il ne bougea jamais d'auprès d'elle à l'entretenir, avec tant d'honneur et de révérence, que chacun en étoit étonné. Le soir, en se retirant, il dit à la reyne sa mère en souriant : « Et puis, Madame, que vous en semble? Joué-je pas bien mon rollet? — Ouy, lui répondit-elle, fort bien ; mais ce n'est rien qui ne continue. — Laissez-moy faire seulement, dit le roy, et vous verrez que je les mettrai au filet. »

L'Estoile.

Cette conversation eut lieu en mars 1572.

se mariant avec le Navarrois, a pris tous mes rebelles huguenots à la pipée (1).

(En disant ces mots, le roi se renverse sur le dos de son fauteuil en riant
à gorge déployée. Catherine et tous les courtisans suivent son exemple.
On n'entend, pendant quelques instans, que les éclats d'une gaieté
bruyante.)

(Entre Tavannes. Après lui, Pezou, Crucé, René et Coconas.)

TAVANNES.

Sire, à l'exception des capitaines Michel et Ferier, qu'on n'a pu rejoindre, les catholiques que
vous avez demandés sont devant Votre Majesté.

LE ROI.

Ah! c'est vous, mes braves; on nous a fait de
vous de grands éloges. (Souriant.) Votre extérieur ne
diminue pas la bonne opinion que nous avons
conçue de votre mérite. Nous sommes aises de
vous voir, et de vous remercier du zèle que vous
avez déployé pour l'extirpation de l'hérésie.

Nous ne bornerons pas là les témoignages de
notre royale satisfaction; mais, auparavant, ap-
prenez-nous par quels actes vous avez acquis la
célébrité qui vous amène en notre présence.

(Indiquant Pezou.)

Commençons par ce grand gaillard. Comment
te nomme-t-on? Qui es-tu?

____

(1) L'Estoile.

PEZOU.

Sire, le boucher Nicolas Pezou, un des capitaines de Paris.

LE ROI.

Dis-nous ce que tu as fait?

PEZOU, avec volubilité.

J'ai tué et jeté dans la rivière cent vingt huguenots la nuit passée, et j'en expédierai au moins
autant la nuit suivante. Voilà, Sire ; j'ai dit.

LE ROI. (S'adressant en riant à ses courtisans.)

Par ma foi! Messieurs, il nous donne un excellent modèle de laconisme ; beaucoup de choses
en peu de mots. (A Pezou.) Très-bien, Nicolas Pezou ;
très-bien. Après de tels faits, je ne suis pas étonné
qu'on t'ait distingué.

Passons au suivant. (A Crucé.) L'homme au manteau bleu..... Ton nom?

CRUCÉ, d'une voix rude.

Sire, Thomas Crucé, le tireur d'or (1).

LE ROI.

Parbleu! Thomas Crucé, si tu es porteur d'une

____

(1) Cet égorgeur, par remords ou pour se soustraire à la
vue des hommes qui l'abhorraient, se retira dans un désert,
se fit ermite ; mais il ne put renoncer à son naturel féroce.
Il fut ensuite accusé et presque convaincu d'avoir assassiné
un marchand flamand qui s'était réfugié dans son ermitage.
(DE THOU.)

17

physionomie respectable, ton costume l'est encore davantage.

CRUCÉ.

C'est mon habit de travail.

LE ROI.

Voyons..... parle.

CRUCÉ.

Sire, je n'ai pas eu le temps de compter ceux qui me sont passés par les mains; cependant, avec ce que je dépêcherai dans le reste du jour, je pourrai me vanter demain d'avoir abattu environ quatre cents hérétiques.

LE ROI, riant plus fort.

Celui-ci est pour le genre hyperbolique. Ah çà, l'ami Crucé, tu vas trop loin. Il y a de la jactance dans tes promesses.

CRUCÉ, froidement.

Sire, je les tiendrai.

LE ROI, à Tavannes.

Maréchal, vous qui l'avez vu en besogne, faut-il le croire?

TAVANNES.

Oui, Sire; ce qu'il dit, il le fera. Il travaille comme un moissonneur qui craint de perdre son salaire si un seul épi échappe au tranchant de sa faux.

LE ROI, à ses courtisans.

Sa mine au moins ne le dément pas; il a l'air

d'un vigoureux compère. (A Crucé.) Allons, Thomas
Crucé, accomplis ce que tu promets, et je te pro-
clame l'athlète de la foi, le Samson des catholiques.

Au tour du pourpoint noir. (A René.) Que vas-tu
nous dire après ce que nous venons d'entendre?

GONDI.

Il ne peut rien nous apprendre de plus fort.

CATHERINE.

Laissons-le parler.

LE ROI, considérant René attentivement.

Hé! mais, ma mère, c'est une de vos anciennes
connaissances.

CATHERINE.

Vous ne vous trompez pas, mon fils; c'est mon
parfumeur René.

LE ROI, à René.

Maître René, je suis content de te rencontrer
parmi les plus zélés catholiques. Je vois que ma
mère a bien placé la confiance qu'elle t'accorde.
Raconte-nous tes œuvres. Combien as-tu gagné
d'indulgences?

RENÉ, d'un ton doux (I).

Sire, par le poignard beaucoup moins que

____

(1) La fin de cet homme fut épouvantable, et toute sa
maison, un vray miroir de la justice de Dieu; car il mourut

Crucé. Mais je ne me suis adressé qu'à des hérétiques choisis et appartenant à la noblesse, par conséquent à des ennemis plus redoutables.

LE ROI, souriant.

Nous avons déjà eu occasion de remarquer en toi cette prédilection.

RENÉ, continuant.

Ensuite, et Votre Majesté peut facilement le reconnaître, si la nature m'a refusé les forces capables d'exécuter les travaux de celui qui méritera, sans aucun doute, le surnom de Samson des catholiques; d'un autre côté, l'art a fait disparaître ce désavantage, en me donnant la connaissance de préparations qui n'ont pas été et ne seront pas moins fatales aux huguenots que le bras de Crucé. Ainsi, tandis que mon poignard frappait lentement, mais avec choix, mes breuvages parcourent les prisons et dévorent l'hérésie.

Tout compte fait, je crois donc pouvoir vous affirmer, Sire, qu'à la fin du jour, avec l'aide de la très-sainte Vierge, je serai parvenu, par des moyens

---

peu à près sur le fumier et consumé de vermine. Deux de ses enfans moururent sur la roue et sa femme dans un lieu de prostitution. (*Mémoires pour servir à l'Histoire de France.*)

différens, à un résultat plus heureux que celui qui tout à l'heure a excité l'étonnement de Votre Majesté. (Le roi rit aux éclats.)

(Rire général.)

LE ROI.

Tuedieu! maître René, le calcul que tu viens de nous faire est incontestable. Je savais bien que tu étais un habile homme..... Mais, que le diable m'emporte si tu n'as pas gagné dans mon esprit....... Ma mère a en toi un serviteur très-précieux.

(A Coconas.)

A toi, Coconas. Nous apprécions combien il est difficile à présent de soutenir notre intérêt. Parle cependant, nous t'écoutons.

COCONAS, d'un air gai (1).

Sire, si j'avais été entendu le premier j'aurais pu vous dire quelques beaux coups de ma bonne lame catholique; mais j'arrive trop tard, et je n'aurais pas accepté l'honneur que me fait Votre

---

(1) Le 30 avril 1574, fut exécuté en place de Grève le comte Coconas, gentilhomme piémontais, et de grande maison, miroir de la justice de Dieu pour la cruauté qu'il commit à l'égard de ceux de la religion à la Saint-Barthélemi. Coconas fut condamné à cause d'une prétendue conspiration, et d'avoir voulu emmener le duc d'Alençon en Flandre, pour faire la guerre à l'Espagnol. (*Journal de Henri III.*)

Majesté, si je n'avais à lui rapporter une petite exécution qui, par sa singularité, est digne de son attention.

(Il rit.)

J'ai tiré des mains du peuple, et acheté à beaux deniers comptans, trente huguenots pour les tuer à ma fantaisie. Je les ai d'abord amenés à renier leur religion, sous promesse de leur sauver la vie. Puis, mon contentement a été de les poignarder à petits coups, pour les faire languir et mourir long-temps.

LE ROI.

C'est un raffinement de vengeance que je conçois parfaitement dans un cœur vraiment catholique. Sang-bleu! nous ne rendrons jamais à cette canaille factieuse et affamée d'anarchie tout le mal qu'elle nous a fait.

(A Crucé et à ses camarades.)

En vérité, mes braves, nous vous devons un moment agréable..... Vous recevrez des preuves de notre reconnaissance. Maintenant, vous devez être impatiens de retourner à l'œuvre que vous avez si dignement commencée. Quelque plaisir que nous éprouvions à vous entendre, nous deviendrions coupables envers notre sainte Église en vous retenant plus long-temps. Allez, et répétez sans cesse aux catholiques qu'aujourd'hui il y a

de la cruauté à être humain, et de l'humanité à
être cruel.

(Sortent Coconas, Grucé, Pezou et René.)

LE ROI.

Par ma foi! ils m'ont mis tout-à-fait en belle
humeur. Et même sans cela, je me féliciterais encore de leur venue..... J'ai eu là une bonne pensée.
Ne le croyez-vous pas, ma mère?

CATHERINE.

Oui, mon fils, cette réception produira le meilleur effet.

D'ANJOU.

C'est un encouragement direct.

GONDI.

Il va électriser le peuple.

CATHERINE.

Au point où nous en sommes nous n'avons plus
besoin de nous mettre derrière les Guise.

BIRAGUE.

Ils n'étaient pour nous un bouclier que dans
le cas d'un succès douteux.

D'ANJOU.

Mais, aujourd'hui que nous sommes à l'abri de
cette crainte, la dissimulation serait une faute.

TAVANNES.

Puisqu'on sait que les traîtres ont conspiré
contre leur souverain, il faut qu'on sache aussi.

que le glaive qui les extermine est dans la main
de Votre Majesté.

LE ROI.

Un instant..... vous allez trop vite. N'oublions
pas les conséquences.

CATHERINE.

Après ce qui s'est passé cette nuit dans le Louvre, et tout à l'heure dans cet appartement, vous
ne pouvez plus vous arrêter.

LE ROI, avec inquiétude.

J'ai été trop loin..... Entraîné par ma haine.....

CATHERINE.

Vous êtes forcé d'avouer la justice que vous
exercez contre vos ennemis.

LE ROI.

Resterons-nous donc exposés aux ressentimens
de ceux qui survivront?

CATHERINE, vivement.

Et que nous importe leur impuissante fureur !
Ce n'est pas la haine, mais le mépris qui tue les
rois.

LE ROI, après un moment d'hésitation.

Puisqu'il y a unanimité..... Agissons ouvertement. (A sa mère.) Vous m'assurez, Madame, que je
n'ai rien à redouter?

CATHERINE:

Oui, mon fils. Mais, quand il y aurait des dangers à craindre, je vous dirais de les braver plutôt que de compromettre et d'avilir votre autorité en conservant un masque qui n'est plus qu'un signe de faiblesse, après la participation évidente que vous avez prise aux événemens de la nuit dernière.

Déclarer que les Guise ont impunément massacré sous vos yeux un si grand nombre de vos sujets; n'est-ce pas reconnaître qu'ils sont les maîtres du royaume et que vous n'êtes plus roi que de nom? Ne pas avouer la justice que vous exercez; n'est-ce pas vous mettre dans l'impossibilité d'anéantir tous les huguenots de France, et laisser des vengeurs à ceux qui seront tombés sous vos coups? Songez-y, mon fils; reculer, c'est périr.

LE ROI.

Hé bien! Madame, je vous l'ai dit, c'est décidé.

(Entre d'Angoulême.)

D'ANGOULÊME.

Sire, le bruit de la réception que vous avez faite à plusieurs zélés catholiques, s'est répandu en un instant. L'exaltation du peuple est portée jusqu'au délire. Une vingtaine de rebelles composant à peu près le reste des chefs, viennent d'être exécutés, sous les fenêtres du Louvre, aux cris de vive le roi ! Le capitaine Briquemaut et le conseiller Cavagne sont, je crois, les seuls qui soient jusqu'à présent parvenus à se dérober à nos recherches.

LE ROI, vivement.

Qu'on les trouve, mordieu ! qu'on les trouve ! Il me serait bien pénible de laisser échapper l'occasion qui se présente de m'acquitter envers ce vieux traître de Briquemaut, qui conspire contre moi depuis si long-temps. Quant au chancelier de la réforme, ce beau parleur de Cavagne, je lui ai tant d'obligations que je ne serai content qu'après l'avoir vu, de mes yeux, frétiller au bout d'une corde (1).

CATHERINE.

Ce sera un salaire bien gagné, surtout par le dernier ; car il n'a pas dépendu de ce dangereux

---

(1) François de Briquemaut et Arnaud de Cavagne demeurèrent cachés plusieurs jours chez l'ambassadeur d'Angleterre. Ils furent arrêtés et conduits à la Conciergerie. Le 27 octobre 1574, un arrêt du parlement condamna l'amiral de Coligny, comme auteur d'une conspiration contre le roi, à être pendu en effigie. Cette condamnation frappait tous les partisans qui avaient survécu aux massacres, et notamment Briquemaut et Cavagne qui furent exécutés en place de Grève. Entre eux, fut pendu un mannequin qui représentait l'ami-

ennemi que l'amiral ne vînt pas à Blois, et que par conséquent la guerre n'eût pas de fin.

D'ANGOULÊME, au roi.

Ils sont dans Paris; Votre Majesté peut compter que bientôt ils seront découverts.

(Entre un page.)

Sire, un envoyé du duc de Guise sollicite l'honneur d'être admis en présence de Votre Majesté.

LE ROI, vivement.

Un envoyé du duc de Guise!...... Que me veut-il?..... Qu'il entre.

(Le page sort.)

CATHERINE, bas à Gondi.

C'est Petrucci...... Il y a long-temps qu'il est dans le Louvre; mais je n'ai pas voulu que le roi le reçût avant d'être bien assurée que l'entreprise tournait bien.

---

ral. Charles IX et sa mère s'étaient placés à une fenêtre de l'Hôtel-de-Ville pour jouir de ce spectacle.   (DE THOU.)

-Charles IX, dit Brantôme, voulut voir mourir le bonhomme monsieur de Briquemaut (ce capitaine protestant avait soixante-dix ans) et Cavagne, chancelier de la cause; et d'autant qu'il était nuit à l'heure de l'exécution, il fit allumer des flambeaux et les tenir près de la potence pour les voir mieux mourir et contempler mieux leurs visages et contenances.

GONDI, bas à Catherine.

Ce message prouve que Guise était instruit de nos desseins.

CATHERINE, bas à Gondi.

Ou qu'il les avait devinés.

GONDI, bas à Catherine.

Quoi qu'il en soit, il est heureux que les circonstances nous aient permis de lever le masque.

CATHERINE, bas à Gondi.

Oui; car le Lorrain nous l'aurait arraché.

(Entre Petrucci; il porte une corbeille couverte d'un voile.)

LE ROI.

C'est toi, Petrucci! et le duc de Guise?.....

PETRUCCI, après s'être respectueusement incliné.

Sire, monseigneur le duc Henri de Guise poursuit les fuyards du faubourg Saint-Germain qui ne peuvent lui échapper (1). Il m'a chargé d'offrir ce présent à Votre Majesté.

(En disant ces mots, Petrucci soulève le voile qui couvre la corbeille qu'il tient à la main.)

---

(1) Les principaux protestans du faubourg Saint-Germain étaient Jean de Feriëres, vidame de Chartres, Jean de Rohan de Fontenay, Godefroi de Caumont, Gabriel de Montgommery, Jean de la fin de Beauvais, et Ségur. Ils furent poursuivis par le duc de Guise jusqu'à Montfort-

LE ROI, *vivement.*

La tête de Coligny (1)!......

CATHERINE, *avec intention.*

La tête d'un traître, présentée par Henri de
Guise, est un hommage de sa fidélité au roi de
France.

LE ROI.

Je le crois, ma mère.

TAVANNES, *bas à Gondi.*

Que la peste m'étouffe si le Guisard y a pensé!

GONDI, *bas à Tavannes.*

Non sans doute. Et c'est précisément pour cela
qu'elle le dit.

LE ROI, *regardant la tête de l'amiral avec attention.*

Cette tête nous a fait passer de cruelles jour-
nées..... de bien longues nuits.

CATHERINE.

Depuis douze ans elle bouleversait le royaume.

LE ROI.

Elle voulait essayer ma couronne.

---

l'Amaury, mais inutilement. Ils parvinrent à s'échapper
malgré les troupes qui furent envoyées vers Houdan, pour
couper leur fuite. (DE THOU.)

(1) *Histoire de France pendant les guerres civiles.*

CATHERINE.

Pour le bonheur de la France il eût fallu qu'elle
tombât à votre avènement.

LE ROI, partant d'un éclat de rire.

C'est justice de convenir, ma mère, que ce n'est
pas notre faute si nous n'en avons pas plus tôt dé-
chargé les épaules du roi Gaspard Ier, notre com-
pétiteur (1).

(Ces paroles sont suivies d'un rire général. Petrucci recouvre la tête.)

LE ROI, reprenant son sérieux.

Ce prince des traîtres était pour nous un terrible adversaire : il avait la perfidie du serpent,
l'adresse du renard et le courage du lion. Sans
l'assistance divine qui l'a conduit dans nos filets,
je crois vraiment que nous n'en serions jamais
venus à bout.

---

(1) M. l'amiral a été menacé cent fois d'estre assassiné, il
y avoit des gens attitrés et de toutes parts apostés pour cela ;
dont il en avoit des advis certains : fust à la cour, aux armées,
aux villes, en ses maisons et ailleurs. Jamais il n'en mons-
tra aucun semblant d'avoir peur. Il repondoit seulement :
celuy-qui-m'attaquera-je-lui-feray aussy belle peur comme
il me sauroit faire. (BRANTÔME.)

Dominique d'Albe, domestique de l'amiral, avoit tenté, à
la sollicitation de Catherine, d'empoisonner son maître. Il
fut descouvert et pendu.

(Mémoires de l'Estat de France sous Charles IX.)

CATHERINE.

Que le saint nom de Jésus soit béni !

LE ROI, à Petrucci.

Mais, dites-moi, qu'a-t-on fait du cadavre ?

GONDI, riant.

Il suit sans doute le fil de l'eau avec ses compagnons.

PETRUCCI.

Sire, il est à Montfaucon, pendu par les cuisses avec une chaîne de fer.

LE ROI, riant.

Par ma foi ! l'idée est heureuse........ Le peuple a bien jugé !

CATHERINE, riant.

M. l'amiral pendant au gibet de Montfaucon, est un spectacle qui vaut bien qu'on se dérange pour le voir. Allons en repaître nos yeux, mon fils ; ce sera aujourd'hui la promenade de la cour (1).

LE ROI, riant.

Pardieu ! je le veux bien...... Cette visite sera la seconde que nous aurons rendue en trois jours à ce fidèle sujet ; mais le plaisir qu'il va nous procurer, dédommagera amplement notre royale condescendance.

____

(1) *Mémoires pour servir à l'Histoire de France.*

(Le roi sort en riant. Il est suivi de tous ses courtisans, excepté Birague.)

CATHERINE, à Birague.

Birague, fais à l'instant porter cette tête (montrant la tête de Coligny) chez mon parfumeur René pour qu'elle soit embaumée, ensuite tu l'expédieras pour Rome (1).

(Birague s'incline, et sort suivi de Petrucci.)

Et nous, allons rejoindre le roi.

(Elle sort.)

---

(1) BRANTÔME. — DE THOU et D'AUBIGNÉ.

SCÈNE XIII.

PERSONNAGES.

Le maréchal FRANÇOIS DE MONTMORENCY,
HENRI DE DAMVILLE,
CHARLES DE MÉRU,   ses frères.   seigneurs catholiques.
GUILLAUME DE THORÉ,

CORNATON, capitaine protestant.

Le chevalier de LA BATRESSE, lieutenant de Montmorency.

MUSS, domestique de l'amiral de Coligny.

LE GARDIEN DE MONTFAUCON.

DEUX ARQUEBUSIERS.

SCÈNE XIII.

MERCREDI 27 AOUT 1572. MINUIT.

Montfaucon. On est à l'approche d'un orage. L'obscurité
est profonde. A la lueur des éclairs qui sillonnent de temps
en temps la nue, on aperçoit deux soldats, l'arquebuse sur
l'épaule. Ils sont devant une porte pratiquée dans un massif
de maçonnerie de forme oblongue et d'une assez grande
hauteur. Sur ce massif s'élèvent plusieurs piliers en pierre,
supportant transversalement de grosses pièces de bois aux-
quelles pendent des chaînes de fer. A l'une de ces chaînes
est attaché un cadavre qui est agité par le vent.

PREMIER ARQUEBUSIER.

Sacrebleu ! quelle puanteur ce maudit vent
nous souffle dans le nez !

DEUXIÈME ARQUEBUSIER.

Tourne-lui le dos.

PREMIER ARQUEBUSIER.

J'ai beau faire, je suis suffoqué.

DEUXIÈME ARQUEBUSIER , riant.

Ne sais-tu pas que notre roi a dit qu'un ennemi mort sent toujours bon ?

PREMIER ARQUEBUSIER.

S'il était à ma place, nous verrions.....

DEUXIÈME ARQUEBUSIER.

Il y a passé une grande heure l'autre jour, et il n'en avait pas assez, tant il s'y trouvait à son aise (1).

PREMIER ARQUEBUSIER.

J'ai bien tué de ces parpayots, mais que le diable m'emporte si jamais l'envie m'a pris de flairer la bête quand elle était morte.

DEUXIÈME ARQUEBUSIER.

Celui-là, vois-tu, ce n'est pas comme un autre. Il était chef de la bande. C'est lui qui avait toujours taillé la besogne, et dans le moment où on lui a fait son affaire, il brassait quelque chose pour faire déguerpir le maître plus vite que le pas. C'est pourquoi celui-ci, qui l'avait à dos, a répondu à sa compagnie, qui se bouchait le nez : bah ! ça fleure comme baume.

---

(1) BRANTÔME.

PREMIER ARQUEBUSIER.

Pouah! quel chien de plaisir!

DEUXIÈME ARQUEBUSIER.

Tu ne comprends pas ça, toi, pauvre arquebusier; mais si tu étais notre roi, si tu avais eu
comme lui la venette......

PREMIER ARQUEBUSIER.

Tu diras ce tu que voudras, quand un homme
est mort tout est fini.

DEUXIÈME ARQUEBUSIER.

Tu vois bien que non, puisque nous sommes ici.

PREMIER ARQUEBUSIER.

Maudite corvée!

DEUXIÈME ARQUEBUSIER.

Nous pourrions mieux employer notre temps.

PREMIER ARQUEBUSIER.

A présent, les autres font rafle.

DEUXIEME ARQUEBUSIER.

Sois tranquille, va, ils n'ont pas les mains dans
leurs poches.

PREMIER ARQUEBUSIER.

Quand nous arriverons.... plus rien.

DEUXIÈME ARQUEBUSIER.

Bah! ils nous laisseront quelque chose.

PREMIER ARQUEBUSIER.

Oui, ce qu'ils ne pourront emporter. Maudite

faction! Encore, toi, tu ne dois pas te plaindre, tu as eu une bonne aubaine chez ton président.

DEUXIÈME ARQUEBUSIER.

Pas si bonne que tu crois. Trois mille écus entre cinq, c'est-à-dire entre six; car le capitaine Michel a eu double part.

PREMIER ARQUEBUSIER.

Combien ça a-t-il fait pour chacun?

DEUXIÈME ARQUEBUSIER.

Cinq cents écus. Ce n'est pas le Pérou.

PREMIER ARQUEBUSIER.

Diable! cinq cents écus... et tu n'es pas content? Je n'ai pas été aussi heureux. Corbleu! il m'a fallu suer sang et eau pour ramasser cinquante méchans ducatons dans plus de vingt poches; je n'ai pas de bonheur, moi..... J'ai abattu avec cette arquebuse le comte de Téligny; je le croyais cousu d'or; hé bien! pas un écu. Il avait à peine un habit sur le dos. J'ai été un des premiers chez ce Larochefoucauld qu'on disait si riche, hé bien! pas un écu. Crucé avait passé par là. Personne n'avait songé à Taverny, ce Crésus; je prends avec moi quelques camarades, et je cours à sa maison. Je comptais bien me dédommager là. Mais voilà bien une autre affaire, cet enragé nous reçoit à coups d'arquebuse, continue à nous canarder pendant neuf heures, et quand les munitions lui manquent, il nous chauffe les épaules avec de la poix fondue (1). C'est égal, je tenais bon. Ici du moins, je pensais, en recevant force horions, que les oiseaux ne seraient pas dénichés. Enfin nous sommes dedans; nous cherchons, nous fouillons, nous furetons partout, hé bien! sacrebleu! pas un écu.... Nous n'avons jamais pu mettre la main sur le magot du gredin.

DEUXIÈME ARQUEBUSIER.

Console-toi, ce n'est pas fini.

PREMIER ARQUEBUSIER.

J'aurais pu faire quelque chose cette nuit, et on me plante là pour garder, quoi? un cadavre pourri. Corbleu! il pouvait bien se garder tout seul; car, que le diable m'emporte! s'il est possible d'en approcher à moins d'être un corbeau.

DEUXIÈME ARQUEBUSIER.

Il paraît cependant qu'on a craint que les huguenots....

PREMIER ARQUEBUSIER.

Bah! ceux qui se sont tirés de la bagarre ont bien assez à faire sans songer à décrocher un pendu.

DEUXIÈME ARQUEBUSIER.

Ça, c'est vrai.

------

(1) DE THOU.

PREMIER ARQUEBUSIER.

Qu'en feraient-ils d'ailleurs?

DEUXIÈME ARQUEBUSIER.

Pas grand'chose.... Mais pourquoi alors nous mettre en faction au pied de ce charnier?

PREMIER ARQUEBUSIER.

Est-ce que je sais moi?... Que la peste les étouffe!

(Moment de silence).

DEUXIÈME ARQUEBUSIER.

Hé!

PREMIER ARQUEBUSIER.

Quoi?

DEUXIÈME ARQUEBUSIER.

N'as-tu rien entendu?

PREMIER ARQUEBUSIER.

Non. Pourquoi ça?

DEUXIÈME ARQUEBUSIER.

Il me semble qu'on a marché de ce côté; regarde à droite.

PREMIER ARQUEBUSIER.

Que veux-tu que je regarde? la nuit est si noire qu'on ne voit pas à quatre pas.

DEUXIÈME ARQUEBUSIER.

Alors, attention.....

(Les deux arquebusiers gardent le silence.)

PREMIER ARQUEBUSIER.

Je suis tout oreille.

DEUXIÈME ARQUEBUSIER.

Hé bien?

PREMIER ARQUEBUSIER.

Je n'entends rien.

DEUXIÈME ARQUEBUSIER.

Je suis sûr qu'on a marché.

PREMIER ARQUEBUSIER.

Bah! c'est le vent qui secoue le pendu.

(Ici les deux arquebusiers sont saisis, en même temps, par plusieurs hommes.

DEUXIÈME ARQUEBUSIER, criant.

Au secours! camarade.

PREMIER ARQUEBUSIER, criant.

A moi! camarade.

CORNATON.

Silence! ou vous êtes morts.

PREMIER ARQUEBUSIER, se débattant.

Sacrebleu!

CORNATON.

Qu'on les bâillonne. (A Muss.) Maintenant, Muss, avertissez Monseigneur.

MUSS.

A l'instant, capitaine.

(A la lueur d'une torche, que Muss vient d'allumer, on voit plusieurs hommes d'armes occupés à lier les mains et les pieds des deux arquebusiers.

Bientôt on entend un bruit lointain de pas de chevaux , et peu de temps après , entre Montmorency, suivi de Thoré , de Méru, de Damville et d'une troupe de cavaliers.)

MONTMORENCY, à Batresse.

M. de La Batresse, prenez avec vous quelques cavaliers, et allez poser des vedettes sur toutes les routes qui conduisent ici.   (Batresse sort.)

(Se tournant vers son escorte.)

Qu'on fasse approcher le gardien.

(Aussitôt deux cavaliers descendent de cheval un homme baillonné et l'amènent devant le maréchal.)

(Aux cavaliers.)

Otez-lui son bâillon.

(Les soldats obéissent).

(Le gardien, à moitié mort de frayeur, se roule aux pieds du cheval de Montmorency.)

LE GARDIEN.

Miséricorde! mon bon seigneur, miséricorde!

MONTMORENCY.

Relève-toi; on ne veut te faire aucun mal.

LE GARDIEN.

Par le saint nom de Jésus! ne me faites pas tuer.

MONTMORENCY.

Drôle, ne m'as-tu pas compris? je t'ai dit que tu n'as rien à craindre.

LE GARDIEN.

Mon bon seigneur !...

MONTMORENCY.

Tais-toi..... Tu as apporté la clef de cette porte?

(Indiquant la porte qui est devant lui.)

LE GARDIEN, montrant la clef.

La voici.

MONTMORENCY.

Je t'ordonne de me livrer sur-le-champ le corps qui est attaché là. (Montrant le gibet.)

Obéis sans réplique si tu tiens à la vie.

(Le gardien se relève, prend la torche allumée, se dirige vers la porte, l'ouvre, et monte un escalier tournant qui conduit à la plate-forme au pied de laquelle sont les frères Montmorency; il est suivi de Cornaton, de Muss, et de deux hommes d'armes.)

MONTMORENCY.

C'est donc à cette place que Charles IX est venu contempler les restes mutilés de celui qu'il nommait son père......, qu'il serrait dans ses bras quelques heures auparavant..... Malheureuse France!

THORÉ.

Honte au roi! exécration éternelle à sa mère et aux misérables qui l'entourent.

DAMVILLE.

Ils verront bientôt si on détruit une secte par des massacres.

MÉRU.

On n'a laissé aux protestans d'autre ressource que les armes; leur désespoir sera terrible.

MONTMORENCY.

Leur vengeance aura la plus juste cause.

THORÉ.

Qu'ils se vengent de leurs assassins, et je regret-
terai d'être catholique et de ne pouvoir leur offrir mon épée.

MONTMORENCY.

Nous servirons le roi par devoir; en attendant, secourons par honneur des Français qu'on
égorge.

THORÉ, avec colère.

Combattre avec des scélérats couverts de sang!...
non jamais. Les monstres! la mort du plus noble
des hommes n'a pas assouvi leur rage, ils ont
encore outragé son cadavre, ils l'ont attaché.......
Mordieu! le fils de Louise de Montmorency!.....
dans un lieu destiné aux plus vils criminels.

DAMVILLE.

Il était digne d'un meilleur sort, celui qui disait: J'aimerais mieux être traîné tout sanglant dans
les rues de Paris, que de recommencer la guerre
civile.

MONTMORENCY.

Il aimait son pays; sans cela, il eût suivi mon
exemple, et..... nous ne serions pas ici.

MÉRU.

Comment! n'était-il pas comme nous dans une sécurité complète?

MONTMORENCY.

Je le croyais, mais une lettre (1) qu'il écrivit à sa femme, le jour des noces du roi de Navarre, vient de m'apprendre que s'il n'avait pas pénétré entièrement les desseins de la cour, il connaissait les dangers de son séjour à Paris.

MÉRU.

Qui t'a communiqué cette lettre?

---

(1) Ma très-chère et très-aimée femme, aujourd'huy se sont faictes les nopces de la sœur du roy et du roy de Navarre, et ensuite trois ou quatre jours se passeront en plaisirs, festins, mascarades, ballets et tournois; après lesquelz le roy m'a confirmé qu'il me donnera quélques jours pour ouïr les plaintes qui se font de divers endroicts de son royaume sur le violement de l'édit de pacification. En quoy je suis obligé de travailler de tout mon pouvoir. Car encore que j'aye un très-grand désir de vous voir, je pense toutes fois que nous aurions tous deux beaucoup de regrets si je manquois de soins et debvoir en cette affaire. Mais ce délai ne retardera pas tant mon partement de cette ville, que je n'aye congé de partir la semaine prochaine. Si je n'avois égard qu'à ma commodité, il me seroit bien plus agréable d'estre avec vous que de séjourner davantage à la cour, par des raisons que je vous diray en présence. Mais il faut avoir

MONTMORENCY.

Madame de Coligny elle-même, qui m'a fait l'honneur de choisir mon château pour asile jusqu'à ce qu'elle puisse se retirer en Savoie.

THORÉ.

Pourquoi alors l'amiral ne s'éloignait-il pas?

MÉRU.

Quand je lui représentai tout ce qu'il avait à redouter des Guise, et de la perfidie de Catherine, il me répondit : Ma retraite mettrait en péril la tranquillité publique. Je me repose sur la loyauté du roi, et je ne quitterai Paris qu'après avoir obtenu justice des atteintes portées à l'édit de pa-

---

plus de considérations de l'intérest publicq que de son plaisir ou profict particulier. J'ay d'autres choses à vous communiquer aussytost que je pourray vous veoir comme je le souhaite continuellement. Au reste, tout ce que je vous puis dire est qu'aujourd'huy, quatre heures après midy passées, quand la messe nuptiale a été dicte, pendant laquelle le roy de Navarre se pourmenoit en une cour, hors de l'église, avec quelques gentilshommes de notre religion qui l'avoient suivy. Il y a plusieurs particularitez dont je me réserve de vous entretenir à notre première vue. Cependant je prie Dieu, ma très-chère et aimée femme, qu'il vous tienne en sa garde. A Paris, ce 18 aoust 1572. Votre très-affectionné mari. *Signé* CHASTILLON.

cification. Cette noble confiance ne l'a pas abandonné jusqu'au dernier moment.

THORÉ.

Il est tombé victime de son amour pour la
France, de son dévouement à son parti.

MONTMORENCY.

Et en présence de la mort, il a conservé cette
inflexibilité d'ame, cette constance dans l'adver-
sité, qui l'avait placé au premier rang des grands
caractères de notre époque.

DAMVILLE.

Madame de Coligny sait-elle que nous sommes
ici?

MONTMORENCY.

Pour adoucir la douleur de cette noble dame,
j'ai été obligé de lui faire connaître le but de
notre expédition nocturne.

DAMVILLE.

Quelle scène déchirante nous attend à notre
arrivée à Chantilly!

MONTMORENCY.

Les yeux d'une épouse ne verront pas un spectacle qu'ils ne pourraient supporter. A deux cents
pas de mon château nous ferons halte. Notre escorte restera sous le commandement de Thoré,

tandis que Méru, Damville, Cornaton et moi,
nous introduirons le corps par une porte qui est
au fond de mon parc, et nous le déposerons dans
un caveau qui est près de là, jusqu'à ce qu'on
puisse rendre publiquement à l'amiral les derniers honneurs.

THORÉ.

Pourquoi tout ce mystère?

MONTMORENCY.

Écoute Thoré ; j'ai fait serment de sauver les
restes de ce grand homme. Je veux le tenir.

THORÉ.

Tu crains donc.......

MONTMORENCY , vivement.

Certes, moi vivant, personne ne pourra me les
ravir, mais dans ces temps affreux, j'ignore si
demain je pourrai les défendre.

THORÉ.

Qui oserait, sans la permission de Montmorency, franchir le seuil de son château?

MONTMORENCY.

Je suis préparé à recevoir ceux qui le tente-
raient. Biron nous a montré comment il faut se
conduire avec les zélés catholiques et avec la
cour. Heureusement pour vous, je n'avais pas

besoin de la leçon; mais enfin, mon château n'est pas l'Arsenal (1).

(Ici on entend des sanglots).

(Montmorency lève les yeux et aperçoit sur la plate-forme Cornaton à genoux et penché sur le corps de l'amiral.)

MONTMORENCY.

J'aurais dû prévoir que ce pauvre Cornaton ne serait pas maître de sa douleur à la vue de son chef si horriblement mutilé.

(A Thoré.)

Veux-tu te charger d'abréger ces cruels mo-mens?

THORÉ, descendant de cheval.

Un fils de Louise de Montmorency attaché à un gibet! Mordieu! cette atrocité coûtera cher à la France..... Le roi en versera des larmes de sang.

(Il sort.)

---

(1) On assure que la mort des Montmorency était résolue; mais l'aîné, soupçonnant les desseins de la cour, s'était retiré à Chantilly quelques jours avant la Saint-Barthélemy. L'absence du chef des Montmorency sauva le reste de cette famille. Biron, qui était ennemi des Guise, craignant d'être attaqué dans l'Arsenal, fit braquer deux couleuvrines contre la ville. Cela fit qu'on le laissa tranquille.   (DE THOU).

MONTMORENCY , à Damville et à Thoré.

Mes amis, vous ne retournez pas à Paris cette nuit.

DAMVILLE.

As-tu besoin de notre secours?

MONTMORENCY.

J'ai besoin de ne pas vous quitter.

MÉRU.

Crains-tu qu'ils ne fassent aujourd'hui ce qu'ils n'ont pas osé dans le premier moment ?

MONTMORENCY.

La cour ne doit plus compter ses crimes.

DAMVILLE.

Tu seras toujours notre sauvegarde.

MÉRU.

Elle ne voudrait pas s'exposer à ta vengeance.

MONTMORENCY

Vous venger!..... Cette pensée est un tourment pour moi..... Restez, je vous prie, quelque temps à Chantilly..... Vous m'aiderez à secourir les malheureux religionnaires, qui de tous côtés viennent solliciter ma protection..... Nous leur ouvrirons des asiles..... Nous emploierons toute notre influence sur les commandans et gouverneurs de province, amis ou partisans des Montmorency, pour encourager leur honorable résistance aux ordres de la cour; enfin, nous ferons tout pour

que les protestans reconnaissent que tous les catholiques ne sont pas des bourreaux.

(En ce moment, l'escalier est éclairé, et l'on voit descendre lentement
Cornaton, Muss et deux hommes d'armes portant le corps de l'amiral, —
enveloppé d'un drap noir. Thoré, la tête nue, vient après eux. Aussitôt Montmorency et ses frères descendent de cheval et se découvrent.)

(Silence interrompu par les sanglots de Cornaton.)

MONTMORENCY, d'une voix émue à Cornaton.

Capitaine Cornaton, souvenez-vous que vous
êtes un soldat.

CORNATON, sanglotant.

Ah! monseigneur.......

MONTMORENCY.

Je me reproche de vous avoir accordé votre
demande.

CORNATON.

Nul autre qu'un ami ne pouvait lui rendre ce
pieux devoir.

MONTMORENCY.

Je l'ai pensé, et j'ai compté sur votre courage.

CORNATON.

Ah! monseigneur........ quel affreux spectacle.

MONTMORENCY.

Je voulais vous l'épargner.

CORNATON, sanglotant.

Mes yeux ne devaient pas le voir..... je devais
mourir avec mon chef.

(A un signe de Montmorency, des cavaliers font approcher une litière
dans laquelle ils placent le corps.)

MONTMORENCY.

Thoré, avec vingt-cinq hommes, formera l'avant-garde. Damville et Méru se tiendront aux côtés de la litière, et moi je fermerai la marche avec le reste des cavaliers. Maintenant, à cheval et sabre en main. Malheur à ceux qui viendraient nous disputer ces tristes dépouilles !

(Les dispositions ordonnées par Montmorency sont faites en un moment;
toute la troupe s'éloigne au galop.)

DOCUMENS.

DOCUMENS.

Lettre du roy Charles IX à M. de Matignon, lieutenant au gouvernement de Normandie; sur la
mort de M. l'admiral de Chastillon : tirée de la
bibliothèque de M. le comte de Bethvne, où il
y en a plusieurs autres toutes semblables sur le
mesme sujet, aux gouvernements de Bourgogne,
de Touraine, de Poictou et autres provinces du
royaume.

MONSIEUR DE MATIGNON,

1572. — Vous auez entendu ce que ie vous es-
criuis auant-hier de la blessure de mon cousin
l'admiral, et comme j'estois après à faire tout ce
qu'il m'estoit possible pour la vérification du fait,

et en faire faire si grande et prompte iustice qu'il en fust exemple par tout mon royaume, à quoi il ne s'est rien oublié. Depuis il est aduenu que mes cousins de la maison de Guise, et les autres seigneurs et gentils-hommes qui les adhèrent (n'ayant petite part en cette ville, comme chacun sçait) ayant sceu certainement que les amis de mondit cousin l'admiral vouloient poursuiure et exécuter sur eux vengeance de cette blessure, pour les soup-çonner en cette cause et occasion, se sont esmeus cette nuit passée; si bien qu'entre les vns et les autres il s'est passé vne grande et lamentable sé-dition ayant esté forcé le corps-de-garde qui auoit esté ordonné deuant la maison de mondit cousin l'admiral, luy tué avec quelques autres gentils-hommes, comme il en a esté aussi massacré d'au-tres en plusieurs endroits de la ville, ce qui s'est meu auec vne telle furie, qu'il n'a esté possible d'y apporter le remède tel que l'on eust peu de-sirer, ayant eu assez affaire à employer mes gardes et autres forces pour me tenir le plus fort en ce chasteau de Louure, afin aussi de donner ordre partout d'appaiser ladite sédition, qui est, graces à Dieu, à cette heure admortie, estant ad-uenuë par la querelle particulière qui est de long-temps entre ces deux maisons; de laquelle ayant tousiours preuu qu'il aduiendroit quelque mau-

vois effet, i'auois cy-devant fait tout ce qui m'estoit possible pour l'appaiser, ainsi que chacun
sçait, n'y ayant en cecy rien de la rupture de mon
édit de pacification, lequel ie veux au contraire
être entretenu autant que iamais, ainsi que ie le
fais savoir par tous les endroits de mon royaume.
Et d'autant qu'il est grandement à craindre que
cecy esmeuue et face souleuer mes sujets les uns
contre les autres, et se face de grands massacres
par les villes de mon royaume, de quoy i'aurois
un merueilleux regret, ie vous prie qu'incontinent la présente receuë, vous fassiez publier et entendre par tous les lieux et endroits de vostre
charge, que chacun aye, tant ès villes que aux
champs, à demeurer en repos et en seureté en la
maison, ne prendre les armes et s'offenser l'un
l'autre sur peine de la vie, faisant plus que iamais
garder et obseruer, et soigneusement entretenir
mon dernier édit de pacification à ces fins, et
pour faire punir le contreveneur, et courre sus à
ceux qui se voudroient esleuer et désobéir à ma
volonté, vous assemblerez incontinent le plus de
forces que vous pourrez, tant de vos amis estant de
mes ordonnances, que d'autres, advertissans les capitaines et gouuerneurs des villes et chasteaux
de vostre charge, qu'ils aient à prendre garde à la
seureté et obseruation de leurs places, de telle sorte

qu'il n'en aduienne faute, m'aduertissant au plus tôt que vous pourrez, de l'ordre que vous y aurez donné, et comme toutes choses passeront en l'estendue de vostre charge. J'ai près de moy mon frère le roy de Navarre et mon cousin le prince de Condé, pour courrir mesme fortune que moy; sur ce ie prieray Dieu, M. de Matignon, qu'il vous ait en sa sainte digne garde. Escrit à Paris le XXV iour d'aoust M. D. LXXII.

Signé CHARLES, et plus bas PINARD.

Déclaration du roy sur la mort de M. l'admiral.

DE PAR LE ROI.

Sa Majesté desirant faire sçavoir et cognoistre à tous seigneurs, gentilshommes et autres ses sujets, la cause et occasion de la mort de l'admiral et autres ses adhérans et complices, dernièrement aduenue en cette ville de Paris le XXIV iour du présent mois d'aoust, d'autant que ledit fait leur pouroit auoir été déguisé autrement qu'il n'est. Sadite Majesté déclare que ce qui en est ainsi aduenu a esté par son exprès commandement, et non pour cause aucune de religion, ne contreue-

nir à ses édits de pacification, qu'il a tousiours entendu, comme encore veut et entend observer,
garder et entretenir. Ains pour obuier et preue-
nir l'exécution d'une malheureuse et détestable
conspiration faite par ledit admiral chef et autheur
d'icelle, et lesdits adhérants et complices, en la
personne dudit seigneur Roi et contre son Estat,
la Reyne sa mère, messieurs ses frères, le roi de Navarre, princes et seigneurs estant près d'eux. Par
quoy Sadite Majesté fait sçavoir par cette présente déclaration et ordonnance, à tous gentilshommes et autres quelconque de la religion pré-
tenduë réformée, qu'elle veut et entend qu'en
toute seureté et liberté, ils puissent uivre et demeurer auec leurs femmes, enfans et famille en leur
maison sous la protection dudit seigneur Roy,
tout ainsi qu'ils ont par cy-devant fait, et pouuoient faire suiuant le bénéfice desdits édits de
pacification. Commandant et ordonnant très-expressément à tous gouverneurs et lieutenans
généraux en chacun de ces pays et provinces,
et autres ses justiciers et officiers qu'il appartien-
dra, de n'attenter, permettre ne souffrir estre at-
tenté ny entrepris en quelque sorte et manière
que ce soit, ès-personnes et biens desdits de la
religion, leurs dites femmes, enfans et familles,
sur peine de la vie contre les delinquans et cou-

pables. Et néantmoins pour obuier aux troubles, scandales, soupçon et deffiance qui pourroient venir à cause des presches et assemblées qui se pourroient faire, tant ès-maisons desdits gentils-hommes qu'ailleurs, selon et ainsi qu'il est permis par les susdits édits de pacification. Sadite Majesté fait très-expresses inhibitions et deffense à tous lesdits gentilshommes et autres estant de ladite religion, de ne faire assemblées pour quelque occasion que ce soit, iusques à ce que par ledit seigneur après auoir pourueu à la tranquillité de son royaume, en soit autrement ordonné, et ce sur peine de désobéissance et de confiscation de corps et de biens. Est aussi expressément def-fendu sur les mesmes peines, à tous ceux qui pour raison de ce que dessus, auroient ou retien-droient des prisonniers, de ne prendre aucune rançon d'eux, et d'aduertir incontinent les gou-verneurs des provinces ou lieutenans-généraux, des nom et qualités desdits prisonniers, lesquels Sadite Majesté ordonne estre relaschez et du tout mis en liberté, si ce n'est toutefois qu'ils soient des chefs, qui ont eu commandement pour ceux de la religion, ou qui ayent fait des pratiques et menées pour eux, et lesquels pouuoient auoir eu intelligence de la conspiration susdite, auquel cas ils en avertiront incontinent Sadite Majesté, pour

sur ce leur faire entendre sa volonté. Ordonnant
aussi que d'ores-en-auant nul ne soit si hardy de
prendre ou arrester prisonnier aucun, pour raison de ce que dessus, sans l'exprès commandement dudit sieur ou de ses officiers, et de n'aller
courir ny prendre par les champs, vache et autre
bestail, biens, fruits, grains ny chose quelconque,
et ne mesfaire, ne mesdire aux laboureurs, mais
les laisser faire et exercer en paix et auec toute
seureté, leur labourage et ce qui est de leur vo-
cation, et ce sur les peines susdites. Fait à Paris,
le 28ᵉ iour d'aoust 1572.

Signé CHARLES, et au-dessous FISE.

Arrest contre M. l'admiral de Chastillon.

1572. — Veu par la Chambre ordonnée par le
Roy, au temps des vaccations, les informations faites à la requeste du Procureur du Roy, suivant
l'arrest donné par ledit Seigneur Roy, scéant en
son Parlement, le 29ᵉ jour d'aoust dernier, à l'en-
contre de Gaspard de Coligny, en son vivant admiral de France, pour raison de la conspiration
naguères par luy faite contre le Roy et son Estat,

tranquillité de ses sujets : interrogations, confessions et dénégations d'aucuns prisonniers ès prisons de la Conciergerie du Palais pour raison de ladite conspiration apportée au Greffe de ladite Cour, rescriptions, lettres missives, mandemens, ordonnances, mémoires, quittances et receptes dudit feu de Coligny, datés du 28e jour d'aoust 1571, et autres jours et mois ensuivans jusqu'au 24e d'aoust 1275 dernier passé ; enqueste faite d'office sur la vérification des écritures et seings dudit feu de Coligny, apposer esdites missives, rescriptions, mandemens, mémoires, quittances et récépissés, et autres pièces mises par ledit Procureur général du Roy, par devant deux conseillers de ladite Cour, commis par ladite Chambre, pour l'instruction du procès criminel dudit Coligny, ses adhérens et complices. Conclusions dudit Procureur général, et tout veu et considéré : dit a esté, que ladite Chambre a déclaré et déclare ledit feu de Coligny avoir esté crimineux de lèze-majesté, perturbateur et violateur de paix, ennemy du repos, tranquillité et susreté publiques, chef principal, auteur et conducteur de ladite conspiration faite contre le Roy et son Estat, a damné et damne sa mémoire, supprimé et supprime son nom à perpétuité, et pour réparation desdits crimes, a ordonné et ordonne que le corps dudit de

Coligny (si trouver se peut), sinon en figure, sera, par l'exécuteur de la haute iustice, mené, conduit et traîné sur une claye depuis les prisons de la Conciergerie du Palais jusqu'en la place de Grève, et illec pendu en une potence qui, pour ce faire, sera dressée et érigée devant l'Hostel-de-Ville et y demeurera pendu par l'espace de vingt-quatre heures; ce fait porté au gibet de Montfaucon, et pendant en icelui au plus haut et éminent lieu; seront les enseignes, armes et armoiries dudit feu de Coligny, traînées à queues de chevaux par les rues de cette ville, et autres villes, bourgs, bourgades où elles se trouvent avoir été mises à son honneur, et après rompues et brisées par l'exécuteur de haute iustice, en signe d'ignominie perpétuelle, en chacun lieu et carrefour où l'on a accoutumé de faire proclamations publiques. Toutes les armoiries et pourtraitures dudit de Coligny, soit en bosse, ou peinture, ou tableaux, ou autres portraits, en quelque lieu qu'ils soient, seront rasez, cassez, rompus et lacérez; et est enjoint à tous juges royaux faire exécuter le présent arrest en ce regard et chacun en son endroit et à tous les seigneurs de ce ressort, avec deffenses d'en garder ou retenir aucun. A déclaré et déclare tous les biens feudaux qui furent audit feu de Coligny, tenus et mouvans immédiatement de la couronne, remis, retournez et incorporez au domaine d'icelle, et les autres fiefs et biens, tant meubles qu'im- meubles, acquis et confisqués au Roy. A déclaré et déclare les enfans dudit feu de Coligny, igno- bles, vilains, roturiers, intestables, indignes, in- capables de tenir Estats, offices, dignitez, et biens en ce royaume : lesquels biens si aucuns en ont, ladite Chambre a déclaré et déclare acquis au Roy, et, en outre, a ordonné et ordonne que la maison seigneuriale et Chastel de Chastillon sur le Loin , qui estoit habitation et principal domicile dudit de Coligny, ensemble la basse-cour et tout ce qui despend du principal manoir, seront démolis, ra- sez et abattus, et deffenses de jamais y bâtir ni édi- fier, et que les arbres plantez ès entours de ladite maison et chastel, pour l'embellissement et déco- ration d'icelle, seront coupez par le milieu. Aussi a ordonné et ordonne qu'en l'aire dudit chastel, sera dressé et esrigé un pilier de pierre de taille au- quel sera mise et apposée une lame de cuivre en laquelle sera gravé, et escrit le présent arrest : et que d'orénavant par chacun an le 24e d'aoust iour et feste de saint Barthélemy, seront faites prières publiques et processions générales en cette ville de Paris, pour rendre grasces à Dieu de la punition de ladite conspiration faite contre le Roy et son Estat. Prononcé et exécuté, lesdites armoiries traisnéez à queues de chevaux par les carrefours de cette ville et faubourgs de Paris, le 27 et 29 d'octobre l'an 1572.

———

Extrait de la requeste présentée et demandes faites au roi Charles IX, en faveur de la religion réformée, par les ambassadeurs de Pologne, lorsqu'ils vinrent en France après l'élection du duc d'Anjou, l'an 1573.

Supplions Vostre Majesté, vouloir intercéder et faire instante requeste envers Monsieur le duc de Savoye pour la délivrance de madame l'admiral détenue prisonnière à Turin, avec permission de suivre sa religion et partout où bon lui semblera, et d'autant que l'amiral a été massacré sans aucune connaissance de cause et contre tout droit et équité, qu'il a été accusé après sa mort et condamné sur cela par des juges incompétens, et récusés par lettres expresses de Vostre Majesté, accordées audit amiral, prétendu criminel de lèse-majesté ; que le tout a été fait et exécuté sans en faire savoir aucune chose à sa veufve ny à ses enfans, ce qui fait penser que votredite Majesté a été circonvenue en cet endroit. A ces causes nous la prions très-instamment de vouloir nom-

mer les seigneurs des ligues et autres princes et
grands seigneurs étrangers alliés de la couronne et
autres juges non suspects pour revoir le procès
du dit amiral, et prononcer la sentence selon la
vérité. Ordonner que Charles, fils puysné dudit
amiral, détenu prisonnier par votre commandement à Marseille, soit mis en liberté et rendu à
ses parens, et de vouloir moyenner vers ledit sieur
duc de Savoye, que les enfans dudit amiral puissent jouir des biens qui sont dans ses estats, attendu que leur père ny eux ne l'ont jamais offensé.

Extrait des demandes faites au roy Henry III, par
M. le prince de Condé, seigneurs, gentils-hom-
mes et autres de la religion réformée, et par le
maréchal Damville, seigneurs gentils-hommes
et autres catholiques à eux réunis et associés,
l'an 1575, le 11 d'avril.

Que messir Gaspar de Colligny, seigneur de
Chastillon, admiral de France, soit déclaré inno-
cent des cas et crimes à luy supposés. Les arrêts
et jugemens contre luy donnez, cassez, rescindez,
annullez, rasez et biffez de votre cour de Parlement. Toutes marques, vestiges, monument de ladite exécution, ostez, abattus, brisez, rompus et

lacerez, ensemble tous écrits diffamatoires, copies imprimées dudit arrêt, soit à part ou ensuite d'autres livres et autres actes faits contre la personne dudit défunt; ses armoiries remises et dressées en tous lieux où elles auraient été rompues et effacées et tant luy que sesdits enfans, remis et réintégrez en leur bonne réputation et renommée, dignités et capacité, et lesdits enfans en jouissance entière et possessions libres de tous et chacun leurs biens à eux propres, ou qui appartiennent audit deffunt leur père, tant meubles qu'immeubles, quelque part qu'ils soient situés et assis; le tout nonobstant la réunion desdits biens au domaine de la couronne et la confiscation adjugée par lesdits arrêts et jugemens, et que les pensions, charges et autres deniers qui estoient dues par le feu roy audit deffunt jusqu'au jour de son décès, soient payés à ses enfans auxquels sera aussi repassé le gast et dommage faits ès-bois dudit deffunt par ceux qui se trouveront l'avoir commis. Qu'il plaise à Vostre Majesté mettre en pleine liberté le fils dudit feu sieur de Coligny admiral, détenu prisonnier depuis le 24 d'aoust 1572, et de vouloir faire instance vers monseigneur le duc de Savoie pour la délivrance entière des corps et biens de madame l'admirale.

*Extraits des édits de paix, des années 1575
et 1577.*

Et d'autant qu'au moyen de notre susdite déclaration tous arrêts et jugemens donnés contre
le feu sieur de Chastillon, admiral de France, et
exécution d'iceux, demeurent nuls et de nul effet,
comme chose non faite ni advenue; nous, en conséquence d'icelle déclaration, voulons et ordon-
nons, que tous lesdits arrêts jugemens, procédure
et actes faits contre ledit sieur de Chastillon, soient
rayez, biffez et mis hors des registres des greffes,
tant de nos cours de Parlement que de toutes
autres juridictions, et que, tant la mémoire dudit
amiral que les enfans d'icelui, demeurent entiers
en leurs honneurs et biens pour ce regard; nonobstant que lesdits arrêts portent réunion et in-
corporation d'iceux biens au domaine de nostre
couronne, dont nous ferons expédier auxdits enfans plus ample et spéciale déclaration, si bon
leur semble, etc.

RÉHABILITATION.

Lettres par lesquelles le roy ordonne à la cour de Parlement de Paris de rayer de ses registres tous arrests et jugemens donnez contre M. l'amiral de Coligny.

Henry, par la grace de Dieu, roy de France et de Navarre, à nos amez et féaux conseillers, les gens de nostre cour de Parlement de Paris, salut : De toutes les faveurs dont il a pleu à Dieu bénir nostre vie et nostre regne, nous avons tousjours recogneu la plus singulière celle qu'il nous a faite, inspirant nostre cœur à l'exemple des roys nos prédécesseurs, d'octroyer à tous nos bons sujets les choses nécessaires et justes non-seulement de paroles et par nos édits, mais par les effets dont nous avons voulu qu'elles fussent suivies, tant pour le bien et repos de ceux sur lesquels nous sommes establis en autorité que pour l'acquit de nostre propre conscience et de la souveraine fonction à laquelle nous avons esté apelez; et luy-mesme nous est tesmoin que, si en quelque partie lesdits édits sont demeurez inexecutez par la diversité des temps, durant lesquels il a treuvé bon d'exercer nous et nos sujets par continuelles

guerres, ç'a esté avec un regret infini et non
moindre désir et intention de les rendre de tous
points exécutez, lorsque par sa bonté il auroit
establi une paix générale en ce royaume. Maintenant que par l'octroy d'icelle il a daigné exaucer
nos souhaits et terminer si heureusement nos la-
beurs, afin que des choses mal passées durant les
mouvemens des troubles précédens, il n'en reste
aucune marque entre les articles executez desdits
édits faits pour la pacification et reünion de nos
sujets; nous avons jugé nécessaire de faire effectuer
celuy concernant les arrests et jugemens donnés
contre feu nostre amé et féal cousin le sieur de
Chastillon, amiral de France, capitaine de cent
hommes d'armes de nos ordonnances, lesquels auroient esté déclarez nuls; et en conséquence de
ce, ordonné qu'ils seroient rayez et mis hors des
registres des greffes, tant de nos cours de Parlement que de toutes autres jurisdictions; ce qui
n'auroit encore esté fait, et d'autant que nous
sommes meus par la souvenance des services que
nous avons receus dudit sieur amiral et depuis
encores si singulièrement en tant d'occasions par
le deffunt sieur de Chastillon son fils, mesme que
cela regarde nous et nostre personne.

Nous, à ces causes, conformément aux édits et
déclarations de nosdits prédécesseurs, singuliè-

rement à celuy par nous fait, publié naguères en
nostredite cour et iceluy exécutant, vous man-
dons et très-expressément enjoignons que vous
ayez à faire rayer et mettre hors, tant du greffe
de notredite cour que de toutes autres jurisdictions, toutes les procédures, arrests et jugemens
donnez contre ledit feu sieur amiral, revoquez
par lesdits edits, afin que la mémoire en demeure
à jamais esteinte et assoupie, comme de chose
non advenue et de nul effet, à quoy nous con-
cluons estre procédé sans aucun refus ny difficulté, sous quelque prétexte que ce soit. Et à
cette fin, enjoignons à nostre procureur-général
et ses substituds lever la main, requérir et poursuivre l'exécution de ce que dessus; comme il
est plus particulièrement porté par lesdits édits
par vous vérifiez, à ce que toutes marques desdits troubles soient ostées; car tel est nostre bon
plaisir. Donné à Malesherbes, le 10e jour de juin
1599, et de nostre règne le 10°. Signé HENRY; et
plus bas par le roy, de Neufville et scellées.

Extrait des registres du Parlement.

Ce jour, les Grand-Chambre, Tournelle et de l'Édit, assemblées, après avoir délibéré sur les lettres-patentes du 10 juin, signées Henry et plus bas par le roy, de Neufville et scellées, par lesquelles est mandé, conformément aux édits des roys ses prédécessenrs et à l'édit naguères vérifié, faire rayer et mettre hors des greffes de la cour et autres jurîsdictions les procédures, arrêts et jugemens donnez contre le feu amiral de Chastillon, révoquées par lesdits édits : conclusions du procureur-général du roy, arresté et ordonné en thérinnant lesdites lettres, conformément auxdits édits, que les procédures, arrêts et jugemens donnez contre ledit deffunt amiral de Chastillon seront rayez tant du greffe de ladite cour que autres et mis en marge du registre, rayez par ordonnance de la cour. Fait en Parlement le vingt-deuxième aoust 1579.

Signé VOISIN.

Le 8 juin 1600, nouvelles Lettres patentes du roy concernant la réhabilitation de l'amiral de Coligny.

Par ces lettres, le roy déclare que ce qui a esté fait en faveur de l'amiral par l'arrest d'aoust 1579, « ne nous semble assez exprès pour l'importance de l'affaire, et que la mémoire des arrests et jugemens contre feu nostre amé et féal cousin le sieur de Chastillon, amiral de France, ne scauroit estre trop effacée de la souvenance des hommes. — Sçavoir faisons que non-seulement les arrests contre nostredit sieur de Chastillon seront rayez, biffez et mis hors des greffes, mais entièrement supprimez sans qu'il puisse en demeurer aucune marque ny mémoire à l'avenir, non plus que de chose non advenue. »

*Extrait d'une Apologie de la Saint - Barthélemy,
intitulée :* STRATAGÈME DE CHARLES IX, ROI DE
FRANCE, CONTRE LES HUGUENOTS, REBELLES A DIEU
ET AU ROY. *Écrit par le sieur Camille Capilupi.
Rome,* 1572.

Le 6ᵉ jour de septembre 1572, les lettres que
le légat du pape avoit escrites de France furent
lues de matin en l'assemblée et conseil du pape
et des cardinaux, que l'amiral et les huguenots
avoyent estés tuez du vouloir et du consente-
ment exprès du roy ; et pour ce fut arresté en ce
mesme conseil que le pape avec les cardinaux
s'en iroit droit de là en l'église Saint-Marc pour
rendre graces solennelles à Dieu très-bon et très-
grand d'un tel bien qu'il avoit fait au siège de
Rome et à toute la chrestienneté : davantage que
le lundy ensuivant, pour cette occasion, on cé-
lébreroit une messe solennelle en l'église de la
Minerve, que le pape et les cardinaux y assiste-
roient ; et puis que le jubilé seroit publié par
toute la chrestienneté ; le soir venu, en signe de
grande liesse et resjouissance, on tira force
coups de canon du chasteau Saint-Ange et par
toute la ville. Les Français, entre autres, furent

çà et là feuz de joie ; brief, on ne laissa rien de tout ce qu'on a accoutumé de faire quand on a receu nouvelles de la plus *grande victoire* que l'église romaine pourrait avoir de ses ennemis. On dit que le cardinal de Loraine donna mille escus à celuy qui porta ceste nouvelle tant désirée de luy. Un jour auparavant, le cardinal Ursin avoit reçu en l'assemblée du pape et des cardinaux une croix pour enseigne de son ambassade en France, et avoit délibéré de s'acheminer le jour d'après pour aller faire tourmenter le plus tôt qu'il pourroit les huguenots qui estoyent eschappés des meurtres infinis qu'on en avoit fait.

Le 8 dudit septembre, qu'on célèbre la nativité de la Vierge, les Français firent une procession avec fort grande solennité, à l'église Sainct-Loys où la plupart de la noblesse et du peuple se trouva. Les chambriers de dehors les murailles, qui sont les evesques, marchoyent devant le pape, et puis les cardinaux aussi chambriers ; après ceux-cy, la garde des Suisses, les ambassadeurs des roys et des princes, et le pape suyvoit dessous un pesle, ayant à ses costez les cardinaux du Mont et d'Esté ; l'ambassadeur de l'Empereur portoit la queue du pape pour l'honneur qui se faict à l'Empereur par dessus tous les autres ; la cavalerie des chevaux legiers tenoit le dernier rang. Après qu'ils furent arrivez en tel ordre à l'église Saint-Loys, la messe fut célébrée solennellement par un cardinal, l'église parée magnifiquement. On attacha aux plus grandes portes de ladite église des lettres qui contenoyent ce qui s'ensuit :

A DIEU TRÈS-BON, TRÈS-GRAND,
A TRÈS-HEVREVX PÈRE GRÉGOIRE, PAPE XIII DE CE NOM
ET AU COLLÈGE SAÇRÉ DES CARDINAVX TRÈS-ILLVSTRES,
LE SÉNAT ET LE PEVPLE ROMAIN.

Charles neuvième, roy de France, très-chrestien, enflambé de zèle pour le Seigneur Dieu des armées, soudainement, comme un ange persécuteur, envoyé divinement, ayant, par certaine occasion, exterminé quasi tous les huguenots de son royaume, et ses ennemis, pour souvenance perpétuelle d'un si grand bénéfice, estant remply maintenant d'une liesse solide et parfaite, se resjouissant des effets espouvantables, des issues, du tout incroyables, et d'un contentement accomply en toutes sortes par la grace de Dieu, des conseils donnez en cette affaire, des aydes et secours envoyez, des prières faictes pour douze ans entiers; des requestes, vœux, larmes et soupirs des siens et tous les chrétiens adressez à Dieu très-bon et très-grand; et prévoyant que cette grande félicité (pour ce qu'elle est advenue au commencement du pontificat de très-heureux père Grégoire XIIIme, peu de temps après son élection admirable et divine, ensemble avec la continuation fort asseurée et toute preste du voyage en Levant), dénonce et signifie pour certain un restablissement des affaires ecclésiastiques et une vigueur et fleur de la religion qui s'en alloit en décadence et comme flestrie; pour ce grand bénéfice, estant conjoint aujourd'huy avec vous, par prières très-ardentes, absent de corps et présent d'esprit, rend graces très-grandes à Dieu, très-bon et très-grand, icy, en l'église Sainct-Loys, son prédécesseur, et supplie très-humblement sa bonté que cette espérance ne le trompe pas.

Charles, du titre Saint-Apollinaire, prêtre de la sainte Église Romaine, cardinal de Loraine, a voulu faire entendre cecy, et le témoigner à tout le monde, l'an de nostre Seigneur 1572.

Le même cardinal a déclaré aussi tout ouvertement que non-seulement la France, mais aussi toute la chrestienneté avoit reçu un bien incroyable, et qu'il se resjouissoit grandement que ceux de sa maison, principalement, avoyent, par la singulière clémence du même Dieu, esté les exécuteurs d'un faict très-grand et très-mémorable.

On assure et tient pour certain que cette conjuration entre le pape, le roy de France et le roy d'Espagne, avoit esté tellement brassée et faicte par la ruse et moyen principalement de ce cardinal, que le roy de France feroit tuer, par tout le royaume, tous les chefs des huguenots aux noces du roy de Navarre, et qu'il aideroit de tout son pouvoir le duc d'Albe à exterminer les rebelles de Flandres ; que le roy d'Espagne rendroit au roy de France le royaume de Navarre ; qu'il aideroit au frère du roy à prendre le royaume d'Angleterre, et pour le dernier que tous les alliez et confédérés emploiyeroyent toutes leurs forces et puissances pour détruire et extirper les hérétiques d'Allemagne, et pour dresser et établir par tout l'Empire une nouvelle forme selon les ordonnances du pape.

On affirme aussi cela du roy de France, dont personne ne doute nullement, qu'il a trahy, par lettres au duc d'Albe, les huguenots qui ont été défaicts et mis en pièces auprès de Mons, en Hainaut.

Extrait du Tocsin *contre les massacreurs et auteurs des confusions en France.* 1577.

Or, ce feu estant allumé en une seule ville, fut
tantost espars par toute la France, car soudain on
despescha des courriers dans toutes les provinces,
afin que le semblable feust exécuté tant aux villes
qu'aux maisons des gentilshommes, et encore que
la nouveauté de ce commandement fut cause qu'on
ne l'exescutast si promptement, si est ce qu'ès villes
de Thoulouze, Bourdeaux, Lyon, Bourges, Orléans, Meaux, Sens, et autres, après quelque sac
des maisons, une bonne partie furent menéz prisonniers. Mais aucuns iours après on donna un
nouveau commandement de les faire tous mourir
iusqu'à user de menaces contre ceux qui auroient
usé de telle douceur, ce qui fut autant cruellement exescuté comme il avoit esté injustement ordonné, car en quelques endroits les papistes en-
trèrent dans les prisons et tuèrent tout ce qui y
estoit et ailleurs; on les jettoit la nuit dans les ri-
vières et en plein iour, sans un grand nombre qu'on
envoyoit à la mort pour forme de justice et qui
estoient tous amenéz les uns sous fausses accusa-
tions, les autres sans spécifier les causes.

Voilà à peu près la somme du cruel et barbare

carnage commis par un roy sur ses propres subiets et contre sa foy et promesse faites tant à eux
qu'à tous les princes chrestiens.

Nous ne parlons pas de celui qui en a esté traî-
treusement l'inuenteur, car nous auons prouvé
clairement que ce fut la reine mère; d'alléguer
que ça esté pour le zèle qu'elle porta à sa religion, il n'y a nulle apparence si on veut dire que
ce soit acte de religion de faire commettre tant de
voleries, meurtres et incestes; ou que ceux-là
soient fort religieux qui mènent une vie infâme et
desbordée. Vray est que Néron se fut couuert de
ce titre en meurtrissant les chrestiens, a eust dit
que c'estoit pour la deffense du seruice de ses
dieux.

Mais croyons le Roy mesme et qu'il soit iuge
en sa propre cause, et on trouvera ou qu'il y
a du mensonge, chose qui seroit indigne d'un
prince, ou que cecy n'est aduenu pour le zèle de
religion, veu qu'en toutes les despesches qu'il a en-
voiéez çà et là aux princes chrestiens, il a protesté
que ce n'estoit pas pour le faict de la religion qu'il
avoit chastié ainsi ses subiets, mais en punition
d'une conspiration faite par les chefs contre son
Estat. La conspiration qu'il allègue est une vaine
couverture, car en premier lieu nous auons de-

montré, par lettres escriptes au vicomte d'Anchi, qu'il confesse que ç'a esté pour une querelle particulière en les maisons de Guyse et de Chatillon; mais il est bien aisé à Jézabel, qui désire la vigne, la vie de Naboth, de le charger d'auoir blasphesmé Dieu et le Roy. A ce fait le procès fait à l'admiral contient tant de faussetés, de soupçons, et recherches de choses de si peu d'effet, qu'il est clair que la plus mauvaise preuve de son sac estoit la délibération prise dès long-temps de s'en deffaire à quelque prix que ce fust, iusqu'à estre honteux d'en faire voir les actes à la royne d'Angleterre qui l'avoit instamment requis; ce qu'ils eussent fait si les preuves eussent été suffisantes, et les causes légitimes pour le faire mourir. Mais nous supposons qu'il soit ainsi : je vous prie, le petit peuple qui n'en scauroit rien, et qui ne pensoit rien moins qu'à esmouvoir une nouuelle guerre, devoit-il estre massscré partout sans forme de justice? et puis pourquoy s'en prendroit-on aux femmes et aux petits enfans, voire à leurs biens? car les meurtriers n'ont pas oublié à serrer le plus clair. On dira possible que le roy ne peut mais de ce désordre, n'aiant voulu auoir que la vie des grands. Toutefois, puisque la cruauté a continuée si longuement il n'y a pas d'excuse en ce prestexte. Joinct qu'il a souvent asseuré le pape qu'il a tendu en cela à remettre l'Église Romaine en son premier estat et splendeur, et bannir de son royaume tous ceux qui sont de la religion contraire, auec promesses de les poursuivre à feu et à sang, iusqu'à ce qu'ils fussent tous exterminéz. Mais par ce qu'il escript tout l'opposite aux princes protestans, n'osant leur confesser que ce fut pour la religion, ainsi pour la rebellion qu'il avoit traicté ses subiets si inhumainement, et qu'ainsi on voit qu'il n'y a aucune confiance et fermeté en ses parolles; disons brièvement ce qui n'est pas seulement vraissemblable mais très certain : c'est que la royne voiant les chefs de la religion avoir esté pour la plus part maintenus contre les entreprises en trois guerres civiles, et se persuadant qu'ils luy seroient à jamais ennemis, a pensé de les exterminer auec eux ceux qui faisoient profession de la religion reformée, de peur qu'ils ne leur donnassent secours, et ce pour satisfaire à la promesse faite au pape et à l'Espagnol auec lesquels la conjuration avoit esté projetée de longues mains à s'enrichir de leurs dépouilles : aimant mieux se deffaire cruellement de ceux qu'elle tenoit pour ses ennemis, car elle avoit appris cette leçon tyrannique de Machiaueli, que le prince doibt plustost maintenir son Estat par rigueur que par douceur, et

ne point craindre de se deffaire, non seulement
de ceux qui sont ennemis ouuerts, mais aussi ceux
contre lesquels on a soupçon à cause de leur iu-
gement et dextérité,

FIN.

1867

www.ingramcontent.com/pod-product-compliance
Lightning Source LLC
LaVergne TN
LVHW010754060726
842527LV00002B/474